Xokonoschtletl

Setzt euch zu uns ans Feuer

Indianische Märchen für Erwachsene

Mosaik Verlag

Die Abbildungen sind den Bänden
»Alt-Mexiko und seine Kunst« sowie
»Alt-Amerika und seine Kunst« von Ferdinand Anton,
Buch- und Kunstverlag Leipzig, entnommen.

Der Mosaik Verlag ist ein Unternehmen
der Verlagsgruppe Bertelsmann

© 1997 Mosaik Verlag GmbH, München / 5 4 3 2 1
Buch- und Einbandgestaltung: Martina Eisele, München
Satz: Filmsatz Schröter GmbH, München
Druck und Bindung: Claussen & Bosse, Leck
Printed in Germany
ISBN 3-576-11042-9

Inhalt

Vorwort 7

Das Märchen von Liebe und Vertrauen 9

Der Dank der Welt 12

Kein Märchen vom Alkohol 15

Der Gerechte 18

Lob der Faulheit 20

Der Tyrann und der Zwerg 23

Das Leben ist eine Illusion 27

Die Kojotenmutter 31

Wie die Krähe den Menschen rettete 33

Schmeichelei und Eitelkeit 37

Das Dorf und die Stadt 40

Lieber tot als arbeiten 44

INHALT

Motekuhzomas Gesetz   47

Leben und leben lassen   49

Ometeotl und das schlaue Kaninchen   52

Von großen und kleinen Tieren   59

Mensch, halte ein!   62

Popokatepetl und Iztakziuatl   66

Aluxi   69

Der alte Balken   72

Der Schlaf eines Kindes   75

Die weinende Frau   78

Der Tanz der Rehe   80

Nehuan ni tehuan   83

Über die Angst zu siegen   90

Mikistli   93

Die sechste Ebene   96

Wie ein Eingeborener Mexikos denkt   99

Kenne deinen Körper   111

VORWORT

Setzt euch zu uns ans Feuer und laßt euch erzählen. Hört die Märchen, Legenden und Geschichten, die sich die Menschen auf dem Rücken der großen Schildkröte schon seit Jahrhunderten erzählen und immer neu erfunden haben. Ihr nennt *mishee mackinakong*, unsere Schildkröteninsel, Amerika. Für uns, die Kinder der Azteken, ist sie immer *ijakchilan*, das Ungeheuer Große, gewesen, wo viele Menschen auf einmal und in Frieden lebten und eins waren mit unseren Eltern, Mutter Erde und Vater Sonne, und unseren Geschwistern, den Wolken und Flüssen und Bergen und Steinen, mit unseren Brüdern und Schwestern, den Tieren und Pflanzen.
Der euch erzählt, heißt Xokonoschtletl. Eure weißen Gelehrten werden den Namen genau übersetzen: säuerliche und feurige Kakteenfeige. Doch in unserer Sprache Nahuatl enthalten die Worte eine tiefere Bedeutung. Die Kakteenfeige wächst in kargen Gegenden und muß weit in den Boden reichen, um das

VORWORT

Wasser, den Quell ihres Lebens, aufzunehmen. Darum bedeutet Xokonoschtletl auch: der, welcher sehr tiefe Wurzeln hat und sich damit ernährt.

Die tiefen Wurzeln, die mich ernähren, sind die Kultur, das Wissen und die Tradition meines Volkes, der Azteken. Sie werden bewahrt in den Geschichten, die wir uns erzählen, und in der Weisheit, die unsere Alten und Heiler überliefern.

Setzt euch ans Feuer. Nur wer sich Zeit nimmt, wird zu Weisheit kommen.

Das Märchen von Liebe und Vertrauen

Es waren einmal zwei Menschen, die hatten sich sehr lieb. Sie hatten geheiratet und konnten sich gar nicht vorstellen, ohne einander zu leben. Und darum beschlossen sie eines Tages: Sollte einmal einer von ihnen sterben, Mann oder Frau, dann würde der andere sein Leben aufgeben und ihm folgen, um zu zeigen, wie stark ihre Liebe füreinander gewesen war.

So ging ihr Leben dahin, und sie waren im Frieden mit sich und ihren Kindern. Eines Tages jedoch hatte der Mann die Idee, seine Frau zu prüfen und herauszufinden, wie sehr sie ihn liebe.

Und so schickte er einen Gefährten, der mit ihm im Wald beim Holzsammeln war, zu seiner Frau nach Hause. Er sollte ihr erzählen, ihr Mann sei von einem Baum gefallen und dabei zu Tode gekommen.

Als die Frau das hörte, zerriß ihr der Schmerz schier

das Herz, und sie erinnerte sich ihres Versprechens, ging in ihr leeres Haus und nahm sich das Leben.
Als ihr Mann zurückkehrte und sie fand, vergoß er bittere Tränen. Wie dumm war er doch gewesen! Er hatte nicht geglaubt, daß seine Frau das Versprechen halten würde.
Er hatte ihre Liebe geprüft und sie dabei ganz verloren.

Der Mann war sehr traurig, er vermißte sie und weinte bitterlich. Doch ihr in den Tod zu folgen, dazu fehlte ihm der Mut.

Nach einiger Zeit freilich fiel ihm auf, daß sein Haus immer sauber war, die Kinder versorgt waren, gegessen hatten und fröhlich waren, wenn er von der Arbeit zurückkam. Das verstand er nicht, und er fragte sie, weshalb sie so fröhlich seien und wer die Ordnung geschaffen habe. Ihre Antwort war einfach: Mutter war da und hat das alles gemacht.

Wir wissen nicht, was wir besitzen, bis wir es verloren haben. Und niemals dürfen wir von einem anderen verlangen, was wir selbst nicht zu geben bereit sind.

Das wollte der Mann nicht glauben, doch es geschah jeden Tag von neuem, und die Antwort war immer dieselbe. Da versteckte sich der Mann im Haus und wollte sehen, was passierte. Tatsächlich erschien seine Frau und war so schön und sah so lieb aus, daß es ihn nicht mehr in seinem Versteck hielt.

Das Märchen von Liebe und Vertrauen

Er trat hervor und sagte ihr, wie sehr er sie liebe, wie wunderbar ihre Augen leuchteten, und er wollte sie umarmen und küssen.

Die Frau antwortete: »Nein, nein, bitte nicht! Tu es nicht, denn ich bin gestorben und kann dann niemals wiederkommen und muß für immer gehen. Bitte, tu es nicht!«

Doch der Mann hatte seine Frau so lieb, daß er nicht begriff, was sie meinte, und wollte sie unbedingt in seinen Armen halten. Und er umarmte sie.

Da hielt er in seinen Armen ein Knochengerüst. Die Frau ist nie wieder erschienen.

DER DANK DER WELT

Einmal hörte ein Rotkehlchen von fern ein trauriges Lied. Es folgte dem Gesang und fand einen Kanarienvogel, dessen Käfig über einem Balkon hing.
»Warum bist du so betrübt?« fragte das Rotkehlchen.
»Weil ich hier eingesperrt bin«, klagte der Kanarienvogel, »aber wenn du mir heraushilfst, werde ich deine Freundin sein.«
Das Rotkehlchen war von dem traurigen Lied und der Anmut, mit der es gesungen wurde, so entzückt, daß es sich bemühte, den Käfig zu öffnen. Dabei verletzte es sich am Schnabel, Blut lief über seine Brust. Doch endlich gelang es ihm, die Gefangene zu befreien.
»Komm, laß uns weit weg fliegen, wo wir zusammensein können«, jubilierte das Rotkehlchen.
»Wie bitte? Ich kenne Sie nicht«, entgegnete der Kanarienvogel.

Der Dank der Welt

»Aber du hast mir doch deine Freundschaft angeboten«, sagte das Rotkehlchen.
»Ich befreunde mich nicht mit jemandem, der mir unbekannt ist«, antwortete stolz die Kanarienfrau und flog auf und davon.
Das Rotkehlchen blieb vor Enttäuschung wie betäubt sitzen. Da kam der Vogelhalter und sperrte es in den Käfig, in dem es fortan schöne und traurige Lieder sang.

Kein Märchen vom Alkohol

Es war einmal ein Mann, der hatte seine Frau sehr lieb. Aber er war sehr dem Alkohol zugetan und oft betrunken, und er trank immer mehr. Seine Frau sagte zu ihm: »Hör damit auf, wir lieben dich, dein Sohn und ich! Du tötest dich mit dem Alkohol, aber vorher tötest du uns damit.«

Doch der Mann hörte nicht auf sie, wurde nur wütend und sagte zu seiner Frau: »Was hast du mir zu predigen, halt den Mund!« Dann begann er auch, seine liebe Frau zu schlagen. Das Kind weinte vor Angst. Da wurde er noch wütender und schlug auch seinen Sohn.

Er war so oft betrunken, daß er sich selbst schämte und damit aufhören wollte, weil die Liebe zu seiner Frau doch sehr groß war. Aber der Alkohol war stärker, und es gelang ihm nicht, damit aufzuhören.

Plötzlich aber starb seine Frau. Die Ärzte sagten

ihm, daß eine Herzkrankheit schuld daran gewesen sei. Aber er wußte genau, sie war an Traurigkeit gestorben.

Um seinen Kummer über den Tod seiner lieben Frau zu vergessen, begann er noch mehr zu trinken. Viele Flaschen Alkohol, volle und leere, lagen im Haus herum. Wenn er betrunken war, hat er seine Frau gesehen und laut mit ihr gesprochen.

Der Alkohol löst keine Probleme. Im Gegenteil: Er macht sie größer und schlimmer.

Das Kind machte dann immer große Augen und wollte ebenfalls seine Mutter sehen. So fragte es: »Vater, wo ist sie? Ich möchte, daß sie mich umarmt und küßt, wo ist sie?«

Dann schrie der betrunkene Mann sein Kind an: »Siehst du sie nicht, da vorn, du Dummkopf, da steht sie doch! Geh hin, damit sie dich küßt und umarmt!«

Aber das Kind konnte seine Mutter nicht sehen, begriff den Vater nicht und war verwirrt, verängstigt und traurig.

Irgendwann, als der Mann von der Arbeit zurückkam und schon wieder zu einer Flasche Alkohol greifen wollte, sah er seinen Sohn auf dem Boden liegen. Er stieß ihn an; da ist das Kind aufgesprungen und hat gelacht und unsinniges Zeug geredet, und seine Augen haben wie Irrlichter gefunkelt.

Der Vater schimpfte mit ihm: »Was machst du denn

da, bist du verrückt geworden, oder soll ich einen Arzt holen?«
Dann merkte er, daß seine Flasche leer und das Kind betrunken war, und brüllte los: »Du bist besoffen, ich werd's dir zeigen, das machst du nie wieder, ich schlage dich tot!« Und er nahm seinen Gürtel ab, um damit das Kind zu verprügeln.
Der Junge kam schnell zu Sinnen und schrie voller Angst: »Vater, ich wollte doch nur Mutter sehen, wie du sie siehst, wenn du getrunken hast! Warum willst du mich schlagen, nur weil ich euch beide so lieb habe?«
Da erschrak der Mann tief in seinem Herzen und dachte: Ich habe meine Frau getötet und hätte nun beinahe meinen Sohn erschlagen. Ich habe meine Frau geliebt und liebe meinen Sohn. Ich bin doch kein schlechter Mensch. Ich werde nicht mehr trinken!
Der Mann hat sich daran gehalten. Wenn man ihn zu einem Glas Schnaps einlud, hat er abgelehnt und ist nach Hause gegangen zu seinem Sohn, weil er immer daran denken mußte, daß er wegen des Alkohols fast alles zerstört hätte, was ihm lieb und teuer war.

DER GERECHTE

Ein Mann hatte einen Truthahn geschlachtet und zubereitet; den wollte er ganz für sich allein im Wald verspeisen. Als er sein Mahl begann, erschien der Teufel und sagte: »Ich bin der Teufel. Gib mir von deinem Truthahn.«
Da antwortete der Mann: »Nein, keinen Bissen.«
»Warum nicht«, schimpfte der Teufel, »ich bin der Teufel, der Allmächtige!«
»Das bist du nicht«, entgegnete der Mann, »Gott läßt nicht zu, daß du alles tun kannst, was du willst; von mir bekommst du nichts.«
Da entfernte sich der Teufel, und der Mann setzte sein Mahl fort. An seiner Stelle erschien Gott.
»Ich bin Gott, der Allmächtige, gib mir von deinem Truthahn.«
Der Mann entgegnete mit einem Nein: »Obwohl du Gott bist, handelst du nicht gerecht. Es gibt zu viele Kriege, Kranke und Arme auf dieser Welt. Von mir bekommst du nichts.«

DER GERECHTE

Da ging Gott davon, der Mann aß weiter, und es kam ein anderer, der Tod.
Der Tod stellte sich vor, bat um ein Stück Truthahn, und der Mann sagte: »Setz dich und nimm, denn ich gebe dir. Du bist der einzig Gerechte, du nimmst Junge und Alte, Arme und Reiche, Bauer und Herr zu dir. Nimm Platz und sei mein Gast!«

Lob der Faulheit

Es waren einmal fünf Männer, die hatten kein Dach über dem Kopf, weil sie nicht nur Unglück im Leben gehabt hatten, sondern auch maßlos faul waren. Sie fanden sich zusammen, weil sie sich so ähnlich waren. Keiner mochte etwas tun und sich bewegen, kochen oder betteln, nicht einmal für sich selbst. Das war auch der einzige Grund, weshalb es zwischen ihnen zum Streit kam, denn irgendwann mußte ja einer für sie Essen kochen. Sie waren deshalb auch mager und schmutzig. Sie wußten zwar, daß Wasser zum Kochen und Waschen da war, aber sie nutzten es nur, wenn es als Regen auf sie herabfiel, sonst war sein Gebrauch ihnen fremd. Man sagte, man könne ihr Lager finden, wenn man einfach dem Gestank nachginge.

Eines Tages lagen alle fünf unter einem Avocadobaum und waren sehr hungrig. Die Früchte waren so reif und nah, daß man nur hätte aufstehen und sie pflücken müssen. Doch eine Avocado hing so groß

und schön über ihren Köpfen, daß man nur den Arm hätte ausstrecken müssen.

»Ach«, seufzte einer, »wenn du doch nur herabfallen würdest.«

»Halt das Maul«, knurrte nach einer Pause ein anderer. »Wer soll sich dann umdrehen und sie aufheben?«

DER TYRANN
UND DER ZWERG

Es war einmal eine wunderschöne Stadt, die man die dreimal Gebaute nannte. Ihre Anlage war ganz einmalig und reich an großartigen Palästen.
In dieser Stadt regierte zu dieser Zeit ein Häuptling; der war sehr tyrannisch und wenig beliebt.
Es lebte da auch eine weise Frau, die sich in Medizin und weißer Magie gut auskannte. Sie war alt und einsam und hatte sich doch immer so gewünscht, ein Kind zu haben.
Einmal, als sie im Wald war, um Holz und Honig zu sammeln, wurde sie sehr müde. Sie setzte sich nieder, um auszuruhen, und schlief ein.
Als sie erwachte, lag ein kleines Kindchen neben ihr. Ein so nettes, liebes und kleines Wesen hatte sie noch nie gesehen. Es schaute sie an und schenkte ihr ein strahlendes Lächeln. Das erwärmte das Herz der alten Frau, und sie nahm diesen wunderschönen

Knaben mit nach Hause und sorgte für ihn, als wäre er ihr eigener Sohn.

So richtig gewachsen ist das Kind aber nicht, es blieb ein Zwerg. Doch es war klug und gescheit, und die weise Frau schenkte ihm all ihre Liebe und ihr Wissen.

Der Häuptling hörte von dem Kind; und er konnte es nicht leiden, weil es ein Zwerg war. Darum suchte er nach einer Gelegenheit, es aus seiner Stadt zu vertreiben. So forderte er es zu einem Wettkampf auf. Es ging darum, Intelligenz und Weisheit, Phantasie und Kenntnisse zu messen. Der Tyrann war oberster Richter und bestimmte, wer welchen Wettkampf zu bestehen hatte.

Als der Zwerg an der Reihe war, sagte der Häuptling: »Ich habe immer gehört, daß du so schlau bist. Nun mußt du es beweisen; wenn es dir gelingt, werde ich dich belohnen. Verlierst du aber, dann mußt du die Stadt verlassen. Sage mir bis morgen ganz genau, wie viele Kirschen dieser Baum uns gegenüber trägt. Du darfst aber die Kirschen weder pflücken noch berühren.«

Der Baum war sehr groß und trug viele Früchte. Wie konnte der Zwerg diese Aufgabe erfüllen? Früh am nächsten Morgen ging er zu dem Baum, sprach mit den Ameisen und den Kolibris – das hatte ihn die Magie der guten Alten gelehrt – und bat sie, ihm beim Zählen zu helfen.

Der Tyrann und der Zwerg

Der Tyrann ließ dann von seinen Dienern alle Kirschen pflücken und nachzählen und konnte kaum glauben, daß der Zwerg ihm die richtige Zahl genannt hatte. Er mußte ihm dafür viele wunderschöne Sachen schenken, leichte Matten und warme Decken, hübsche Federn und bunte gold- und silberdurchwirkte Gewänder. Nach diesem Sieg hätte der Zwerg zufrieden sein können, aber er wollte nicht aufgeben. Die nächste Prüfung sollte viel schwieriger werden. Der Häuptling verlangte von ihm: »Du mußt mir in einer Nacht ein baumhohes Gebäude errichten. Dafür will ich dich wie ein Häuptling belohnen – oder du mußt aus der Stadt und darfst nie wieder zurückkommen.«

Das Böse, das man anderen wünscht, kann sich leicht gegen einen selbst richten.

Der Zwerg fand wieder Freunde, die ihm halfen, und schon um Mitternacht stand ein Gebäude, das höher war als die Bäume ringsum und sehr schön. Und der Tyrann mußte ihn wieder belohnen.

Der Zwerg trat auch zur dritten Runde des Kampfes an, in der der Häuptling ihn vernichten wollte: »Ich werde auf deinem Kopf eine Kokosnuß aufschlagen, und wenn du dann noch am Leben bist, sollst du reich belohnt werden.«

»So sei es«, sagte der Zwerg, »aber wenn ich diese

Der Tyrann und der Zwerg

Prüfung bestanden habe, mußt du dich derselben Mutprobe unterziehen.« Und der Tyrann stimmte zu, weil er den Zwerg schon tot glaubte. Auch diesmal half dem Zwergenkind seine Adoptivmutter mit ihrer weißen Magie. Mit einem Schnitt ihres magischen Messers hob sie die Schädeldecke des Zwerges ab und setzte eine Goldplatte ein, und niemand konnte die Veränderung sehen.

Als der Häuptling am nächsten Morgen eine Kokosnuß auf seinem Kopf aufschlug, lächelte der Zwerg – und die Nuß zersprang. Der Tyrann aber starb schon beim ersten Hieb. So wurde der Zwerg zum Häuptling, und immer wieder wird bei uns erzählt, wie glücklich die alte Frau und das Volk in der dreimal gebauten Stadt waren.

DAS LEBEN
IST EINE ILLUSION

Vor zweihundert Jahren sind die Engländer ins Land der Apachen gekommen.
Ein Häuptling unserer Brüder im Norden hat bald erkannt, daß die weißen Menschen nur Gold und Land begehrten. Die Apachen hatten kein Gold mehr, aber immer noch sehr viel Land, von dem die Weißen immer mehr an sich rissen. Da hat der weise Häuptling unserer Brüder zu einem der ihren gesagt: »Wenn du Land möchtest, kannst du zu uns kommen. Ich werde dir das ganze Land geben, das du an einem Tag mit deinen Füßen durchwandern kannst. Je weiter du läufst, desto mehr Land wirst du haben.«
»He«, sagte der weiße Mann, »das ist phantastisch, so machen wir das!«
Sie einigten sich auf einen bestimmten Tag. Der weiße Mann würde einen Rechtsanwalt mitbringen

für den Vertrag, und ein Indianer sollte den Läufer begleiten, um zu sehen, wie weit er gekommen sei, denn alles sollte seine Richtigkeit haben. Bis zu dem vereinbarten Tag hat der weiße Mann das Laufen geübt und ist gerannt und gerannt. Jeden Tag wurde er schneller und kräftiger, jeden Tag legte er eine größere Strecke zurück. Dann ist der große Tag gekommen, und der weise Häuptling fand sich mit unseren Brüdern am vereinbarten Platz ein. Der weiße Mann ist natürlich schon fünf Minuten vor Sonnenaufgang dagewesen, denn je früher er anfing zu laufen, desto mehr Land würde er gewinnen. Um zehn Uhr hatte er schon viele Meilen zurückgelegt und einen großen Grundbesitz erworben. Aber er war nicht zufrieden damit, er wollte noch mehr und hatte dafür ja noch den ganzen Tag. Der Indianer, der mit ihm lief, sagte nur: »Je schneller du läufst, desto mehr Land wirst du besitzen!«

Am Nachmittag lagen schon über fünfzig Meilen hinter ihm. Er war müde und durstig, es war heiß, und seine Füße schmerzten, aber er hatte noch immer nicht genug. Nie wieder würde er die gleiche Chance haben, es war doch nur ein Tag. Und so ist er noch schneller gelaufen, und am Abend hatte er ganz viele Meilen geschafft.

Da war er stolz und zufrieden und eilte zurück zum Häuptling, damit dieser unterschreibe, daß das ganze große Land nun ihm gehöre. Diese weitere An-

Das Leben ist eine Illusion

strengung hat sein Herz nicht mehr verkraftet, und er ist auf dem Rückweg gestorben.

Als der Häuptling dies erfuhr, sagte er: »Armer Mensch, er wollte so viel Land nur für sich haben, wozu? Er braucht doch nur einen Quadratmeter, um begraben zu werden.«

Die Kojotenmutter

Es war einmal eine Kojotenmutter, die hatte in der Prärie ihren Sohn verloren und suchte nach ihm. Jedes Tier, dem sie begegnete, fragte sie nach ihm. Zuerst traf sie einen Hirsch.
»Bruder Hirsch, hast du zufällig meinen Sohn gesehen? Ich habe ihn vor einigen Stunden verloren.«
»Wie sieht dein Sohn denn aus, Schwester?« fragte der Hirsch, und die Kojotin antwortete: »Ach, er ist sehr hübsch, sein Fell glänzt so schön, er hat eine glänzende Nase, seine Augen leuchten, und er sieht kräftig aus und hat sehr starke Beine.«
»Nein, Schwester, den habe ich nicht gesehen.«
So machte sich die Kojotenmutter weiter auf die Suche. Sie traf eine Schlange und den Jaguar, sie fragte den Affen und viele andere Tiere. Immer beschrieb sie das edle Aussehen ihres Sohnes, auch als sie dem Adler begegnete: »Mein Junges ist das schönste der Erde, seine Augen funkeln wie Sterne, aber ganz besonders glänzt sein Fell.«

DIE KOJOTENMUTTER

»Was für ein Glück«, sagte der Adler erleichtert, »denn ein paar Täler von hier habe ich einen kleinen Kojoten gesehen. Aber der sah räudig aus, er war mager und häßlich. Und er war tot.«

Da begann die Kojotenmutter bitter zu weinen, und der Adler fragte: »Warum weinst du, Schwester?«

»Weil das mein Sohn ist.«

»Aber du hast doch gesagt, daß dein Sohn so schön ist?«

»Ach«, schluchzte die Kojotenmutter, »weißt du denn nicht, Bruder Adler, daß es für eine Mutter kein häßliches Kind gibt?«

Wie die Krähe
den Menschen rettete

Es war vor langer Zeit in Mexiko, da war der Skorpion der Stolzeste unter allen Spinnentieren. Er hat mit keinem gesprochen, niemand hat ihn je essen sehen, und er hatte ein so hochmütiges Benehmen, als wüßte er um ein besonderes Geheimnis. Viele haben versucht, ihn zum Reden zu bringen, aber es ist keinem gelungen.

Zu der Zeit, als sich diese Geschichte zutrug, konnte die Krähe sehr schön singen. Und sie war auch sehr neugierig und wollte darum unbedingt hinter das Geheimnis kommen, das der Skorpion vor allen hütete.

So begann sie nach dem Skorpion zu suchen, lange Zeit, bis sie ihn schließlich unter einem Stein entdeckte, wo er wohnte. Sie setzte sich auf den Ast eines Baums direkt über dem Stein und begann ganz unschuldig zu singen. Dann tat sie ganz überrascht

und sagte: »Ei, Bruder da unten, warum bist du so ruhig? Und warum bist du so mager? Du solltest essen, sonst wirst du vor Hunger sterben!«
Aber der Skorpion gab auch der Krähe keine Antwort. Da begann sie erneut zu singen und sagte dann: »Du tust mir so leid. Du bist so dünn, daß man fast durch dich hindurchsehen kann.«
Da antwortete der Skorpion mit schwacher Stimme: »Ich kann nicht essen. Ich habe großen Hunger, aber ich darf nichts essen und nicht stechen.«
»Warum denn das? Du brauchst es doch, das Essen und das Stechen!«
Doch der Skorpion hatte sich wieder unter seinem Stein verkrochen und sagte nichts mehr.
Die Krähe freilich hatte sich etwas vorgenommen, und sie blieb so ausdauernd mit ihrem Singen und Fragen, daß der Skorpion schließlich nachgab. »Ich werde dir das Geheimnis erzählen. Du darfst es aber nicht weitersagen! Es muß unter uns bleiben.«
»Aber ja!« beruhigte ihn die Krähe.
»Dann höre. Ich bin der beste und stolzeste Skorpion, aber ich möchte auch der Allergrößte sein. Darum muß ich noch länger hungern und darf nichts essen.«
Die Krähe wartete auf das Geheimnis.
»Wenn ich das durchhalte«, fuhr der Skorpion fort, »habe ich soviel Gift in meinem Stachel, daß ich ei-

Wie die Krähe den Menschen rettete

nen Menschen mit einem Stich meines Schwanzes töten kann.«

»Warum willst du das tun, Bruder?«

»Weil der Mensch unser schlimmster Feind ist«, sagte der Skorpion. »Wenn ich den schlimmsten Feind besiege, werden alle Tiere wissen, daß ich der Größte bin.«

»Das wird wohl so sein«, überlegte die neugierige Krähe, »aber trotzdem: Wir dürfen ihn nicht umbringen, denn unsere Mutter Erde ist auch die Mutter des Menschen. Iß lieber etwas, sonst wirst du vor Hunger sterben.«

Auch die Krähe ist eine Schwester des Menschen.

Doch der Skorpion aß nichts und blieb bei seinem Vorsatz, so viel die Krähe auch redete. Das machte sie traurig, denn sie hatte ein gutes Herz und wollte auch den Menschen helfen. So sagte sie schließlich: »Ach weißt du, dieses lange Gespräch hat mich richtig hungrig gemacht. Ich bin nun einmal eine Krähe und fresse gerne Spinnentiere, die besten und die größten. Du bist zwar dünn und durchsichtig, aber in der Not – es tut mir leid – genügst du mir auch.«

Und sie flog von ihrem Ast und tat, als wolle sie den Skorpion fressen. Dieser war so verblüfft, daß er sofort zustach.

Die Krähe hat unendliche Schmerzen gelitten und

vor Weh so laut geschrien, daß ihr die Stimme brach. Seither kann sie nicht mehr singen. Aber auch der Skorpion schafft es nicht, mit einem Stich einen Menschen zu töten, wenn rechtzeitig Hilfe kommt. Das hat die Schwester Krähe für uns getan.

SCHMEICHELEI UND EITELKEIT

Es war einmal in einem Jahr großer Dürre. Wochen und Monate hatte es nicht mehr geregnet. Der Boden brach auf, und die Samenkörner in der Erde vertrockneten, die Keime verdorrten, das Grün der Pflanzen wurde matt, und sie trugen keine Früchte, denn sie fanden auch in der Tiefe keine Feuchtigkeit mehr. Die Tiere litten Hunger und Durst, denn die Rinnsale versiegten, und sie fanden kein Wasser mehr, und viele starben in der Trockenheit. Manche haben Wolken gesehen. Doch die Wolken zogen vorüber und spendeten kein Naß, und die Erde leuchtete gelb und kahl. Im Geäst eines Baums saß zwischen welken Blättern ein großer schwarzer Vogel, der hielt ein wunderschönes Stück Tortilla im Schnabel, das hatte er in einer Siedlung erbeutet. Auch die Menschen litten Hunger, denn die Maisvorräte waren knapp geworden; doch wenn sie Tlax-

Schmeichelei und Eitelkeit

kalli, ihren runden Maisfladen, buken, brachen sie noch immer einige in Stücke und gaben sie ihren Brüdern, den Tieren um ihren Hütten, und da hatte der hungrige Vogel Beute gemacht. Unter dem Baum aber saß ein Kojote, der hatte den Vogel herbeiflattern sehen und war auch voller Hunger. Kojoten sind sehr schlaue Tiere, und darum sagt man bei uns oft auch »du alter Kojote«, wenn man sich vor jemandem in acht nehmen muß. Der schwarze Vogel aber saß so hoch im Baum, daß der Kojote ihn nicht erreichen konnte.

Vergiß nicht: Auch der Fisch stirbt an seinem eigenen Maul. Hätte er es nicht aufgemacht, hätte er den Haken nicht geschluckt.

»He, Bruder«, rief er nach oben, »he, he, he, Bruder, ich will dich hören! Man hat mir erzählt, daß du eine wunderschöne Stimme hast.«

»Was?« krächzte der schwarze Vogel.

»Ja, alle Tiere sagen es, besonders das Kaninchen erzählte mir, du hättest so wunderbar gesungen. Ich möchte es auch hören!«

Der schwarze Vogel konnte es gar nicht glauben!

Der Kojote schmeichelte weiter: »Schade, wenn du mir nicht vorsingen möchtest, weil ich eigentlich mit allen Tieren sprechen und ihnen erzählen könnte, wie wunderschön du singen kannst ...«

Und so redete der Kojote weiter auf den schwarzen Vogel ein, der ganz gebannt zuhörte und schließlich

Schmeichelei und Eitelkeit

so stolz war auf seine schöne Stimme, daß er den Schnabel aufriß und aus voller Kehle zu singen anfing.

Natürlich fiel dabei die Tortilla herunter und dem Kojoten, der sie sofort verschlang, direkt vor das Maul. Er leckte sich die Lefzen und knurrte zufrieden: »Ich weiß nicht genau, ob du schön singen kannst, aber ich weiß sicher, daß du dumm bist.«

DAS DORF
UND DIE STADT

In einem kleinen Dorf in Mexiko lebte ein sehr alter Mann, der von allen Nachbarn sehr geschätzt wurde. Nicht nur wegen seines Alters und seiner Freundlichkeit, sondern auch wegen seines Wissens und seiner Weisheit stand er überall in hohem Ansehen. Seine Haare waren dünn und weiß, seine Bewegungen langsam, beim Gehen mußte er einen Stock benutzen. Auch seine Zähne waren nicht mehr so weiß und stark wie bei jungen Menschen. Er trug einen Poncho über seinem mageren Körper, ziemlich abgenutzt, aber immer sauber und geflickt.
Irgendwann gab es Schwierigkeiten mit seinem Grundbesitz, die bei der Behörde in Mexiko-Stadt geklärt werden mußten. Die Leute im Dorf boten sich an, ihm diesen beschwerlichen Weg abzunehmen, denn es war sehr weit bis zur Stadt. Doch der Alte lehnte ab und erklärte: »Viel habe ich von Mexiko-

Stadt gehört. Leute, die von dort kommen, sagen, wir seien einfältig, weil wir nicht das Wissen der Stadtmenschen besäßen. Ich werde selbst in die Stadt fahren. Ich danke euch.«

Und er nahm die lange und beschwerliche Reise nach Mexiko-Stadt auf sich. Ermüdet von dem langen Weg wanderte er langsam zu dem einfachen Hotel, das ihm die Leute seines Dorfes genannt hatten, und kam an einen Platz, auf dem Kinder Ball spielten, und er freute sich an ihrem Vergnügen.

Die Kinder hatten den seltsamen Alten in seinem schäbigen Poncho gleich entdeckt und machten sich einen Spaß daraus, ihn nachzuäffen, wie er humpelte, sich auf seinen Stock stützte und an seinem Poncho zupfte, und einer, der sich besonders hervortun wollte, ließ den Ball zwischen die Füße des alten Mannes rollen, so daß er strauchelte. Und dann standen die Kinder um ihn herum und rissen Witze über seine braunen Zähne und die tiefen Falten in seinem Gesicht.

Der Alte erhob sich mühsam und sagte zu dem Jungen, der den Ball getreten hatte und der Vorlauteste war, daß alle Kinder es hören konnten und still wurden:

»Mein Sohn, so wie du aussiehst, habe ich ausgesehen. So wie ich aussehe, wirst auch du aussehen. Ich habe euch nichts getan. Ich schaue euch nur zu. Ich schaue euch an. Warum verspottet ihr mich? Warum

Das Dorf und die Stadt

tut ihr mir weh? Ich könnte euer Urgroßvater sein. Ich bin alt und gebrechlich und komme vom Land und habe doch Willen, Kraft und Mut. Aber warum könnt ihr nicht einfach in Frieden spielen?«
Dann ging der Alte davon und dachte bei sich, daß es wohl doch einen Unterschied zwischen dem Wissen eines Dorfes und den Kenntnissen einer Stadt gebe.

LIEBER TOT
ALS ARBEITEN

In einem kleinen Dorf in Mexiko lebte ein Mann von vierzig Jahren, der sein ganzes Leben lang immer nur faul gewesen war. Er hat nie gearbeitet, hat nicht ausgesät und nicht geerntet. Die Menschen in seinem Dorf waren freundlich zu ihm. Immer wieder haben sie ihm geholfen, damit er nicht verhungert. Viele Leute haben mit ihm gesprochen, daß es doch nur zu seinem Besten wäre, wenn er arbeitete. Seine Mutter hat mit ihm gesprochen und seine Schwester, der Onkel und der Bürgermeister des Dorfes, und sogar der Pfarrer. Es half nichts. Er wollte einfach nicht arbeiten.

Auch wenn es freundliche Menschen waren, so hatten sie es doch einmal leid, immer wieder für ihn zu kochen, ihm seine Sachen zu bringen und für ihn die Arbeit zu tun, zu der er zu faul war. Und das alles ohne Dank und ohne die geringste

LIEBER TOT ALS ARBEITEN

Hoffnung, daß es in Zukunft einmal anders sein würde.

Als sie es endgültig satt hatten, sagten sie zu ihm: Wenn er nicht selber für sich sorgen wolle, dann müsse er sich eben lebendig begraben lassen. Und weil er so faul war, war ihm auch das recht.

So haben alle ihr Scherflein dazu beigetragen, ihm einen Sarg zu kaufen, und das ganze Dorf hat sich versammelt, um ihn zum Friedhof zu tragen. Er selbst hat sich in den Sarg gelegt, und zum letztenmal haben sie ihn gefragt, ob er es sich nicht doch noch überlegen möge; aber es war nichts zu machen. Er wollte einfach nicht arbeiten. So zogen sie denn mit dem offenen Sarg, in dem der Faulpelz lag, zum Friedhof.

Diesem Zug begegnete der reichste Mann des Nachbardorfes, und als er die Leute mit Sarg und Blumen und Rosenkränzen sah, fragte er, wer denn gestorben sei.

»Niemand«, antworteten sie, »aber wir werden jemand begraben, weil er nichts zu essen hat.«

»Halt!« sagte der reiche Mann des Nachbardorfes. »Ich werde ihm gerne helfen. Niemand soll begraben werden, weil er nichts zu essen hat. Ich werde ihm zwanzig Sack Mais schenken, dann kann er weiterleben.«

Als der faule Mann das hörte, setzte er sich langsam in seinem Sarg auf und fragte: »Der Mais, den Ihr meint, sind das Maiskörner, oder hängen die noch am Kolben?«

»Maiskolben natürlich«, antwortete der reiche Mann.

»Nein«, sagte der faule Mann, »allein die Arbeit, die Körner von den Kolben zu rebeln! Das dauert. Das ist anstrengend. Das ist mir zu mühsam.«

Langsam legte er sich in seinen Sarg zurück und sagte zu seinen Leuten: »Zum Friedhof. Ich möchte lieber begraben werden.«

Motekuhzomas Gesetz

Motekuhzoma Xokoyotzin war unser neunter Herrscher. Er erließ ein Gesetz, nach dem kein grünender Baum gefällt werden durfte, es war nicht einmal erlaubt, einen Ast abzubrechen.
Eines Nachmittags machte Motekuhzoma einen Spaziergang. Unterwegs traf er einen Jungen, und er unterhielt sich mit ihm so gut, daß die Zeit im Nu verflog und es Nacht wurde. Es war Winter, Motekuhzoma fror, und er sagte zu dem Jungen: »Holen wir Holz für ein Feuer, mir ist sehr kalt.«
»Es gibt hier kein dürres Holz«, entgegnete ihm das Kind.
»Dann brich ein paar Äste ab«, befahl der Herrscher.
Als das Kind meinte, die Äste seien doch noch grün, erwiderte er nur: »Hauptsache, sie brennen.«
»Aber unser Herr Motekuhzoma hat es verboten. Wir sollen die Natur achten, denn sie gibt uns Leben«, belehrte ihn der Junge.

»Keine Angst, Junge, ich bin Motekuhzoma selbst!«
»Dann schäme dich«, tadelte der Junge ihn. »Wie kannst du Gesetze machen, die du selbst nicht respektierst? Wie kannst du von uns verlangen, daß wir die Natur achten, wenn du selbst es nicht tust? Glaubst du, nur weil du das Gesetz gemacht hast, darfst du es auch brechen?«
Da schämte sich Motekuhzoma Xokoyotzin und verbrachte die Nacht in der Kälte.
Am nächsten Tag ließ der Herrscher den Jungen rufen und ihn von seinen besten Lehrern unterrichten, damit er ihm eines Tages helfe, das Volk zu regieren. Motekuhzoma hatte gelernt, daß auch ein Herrscher nur ein Schüler des Lebens ist.

LEBEN UND LEBEN LASSEN

Es war einmal an einem wunderschönen Tag im Wald. Die Vögel sangen in den Zweigen, die Frösche quakten am Teich, die Grillen zirpten im Gras, und eine Klapperschlange glitt einen kleinen Weg entlang, der mitten durch den Wald führte, um sich in der Sonne zu wärmen. Sie rollte sich ein und schlief ein wenig. Es war friedlich und schön.

Da kam ein Mann des Weges, der sah die schlafende Schlange, und sogleich wollte er sie töten. Er griff nach einem schweren Stein, und gerade als er ihn auf ihren Kopf niedersausen lassen wollte, erwachte die Schlange.

»Bruder, warum willst du mich töten, ich habe dir nichts getan!«

»Du bist giftig und mußt sterben!« rief der Mann.

»Aber Bruder, ich bin zwar giftig, aber ich tue dir doch nichts. Ich werde dich nicht töten.«

»Du mich töten?« lachte der Mann. »Ich bin der Mensch und viel größer und stärker als du; und ich habe diesen Stein, mit dem werde ich dich töten.«

»Bruder, zum letztenmal«, sagte die Schlange, »tu mir nichts, und ich werde dir nichts tun.«

»Ich bin nicht der Bruder einer Schlange!« schrie der Mensch. »Und du wirst sterben, und zwar auf der Stelle!« Und gleich holte er aus mit seinem Stein.

In diesem Moment schnellte die Schlange empor und biß den Mann blitzschnell in den Hals. Er fiel sofort zu Boden, und im Sterben hörte er die Schlange sagen: »Wenn du auf mich gehört hättest, Bruder, und mich nicht hättest töten wollen, so wäre dir nichts geschehen, und du könntest noch lange leben.«

Dann rollte sich die Klapperschlange in der warmen Sonne wieder zusammen und schlief ein an diesem wunderschönen friedlichen Tag im Wald.

OMETEOTL UND DAS SCHLAUE KANINCHEN

Einmal machte sich Gott Ometeotl, der Anfang und Ende ist, große Sorgen wegen eines Kaninchens. Es machte nur Unfug und stiftete Unruhe, ließ die Menschen nicht in Frieden und nicht die Tiere und hielt sich für das größte Wesen auf Erden. Ometeotl ließ das Kaninchen rufen.
»Ich habe dich rufen lassen, Kaninchen, weil du dich angeblich für den Größten auf Erden hältst. Ist das wahr?«
»Es ist wahr, daß ich der Größte bin«, sagte das Kaninchen, »denn es gibt nichts, was ich nicht kann oder mir zu schwer ist. Sag, was ich tun soll, und ich werde es dir beweisen.«
»Gut«, sagte Ometeotl, »dann bring mir das Fell eines wilden Jaguars, den Pelz eines großen Affen und die Haut eines starken Krokodils.«
»Nichts leichter als das«, erklärte das Kaninchen.

Ometeotl und das schlaue Kaninchen

»Geh und bring, was ich dir aufgetragen habe«, sagte Ometeotl ernst, denn es war nicht gut, wenn das Kaninchen glaubte, schwere Aufgaben mit Leichtigkeit erledigen zu können. Dann wandte sich Ometeotl wichtigeren Dingen zu. Das Kaninchen wußte, wo sich das Jagdgebiet eines für alle Tiere gefährlichen starken Jaguars befand, und ging sofort dorthin. Es begann, eine kleine Hütte zu bauen. Es dauerte nicht lange, da stand mit einem Sprung der Jaguar vor ihm.
»Ich werde dich fressen!« brüllte er.
»Einen Moment, Bruder. Ich habe dich lange beobachtet und sehe, wie du dich anstrengen mußt, die Tiere zu jagen. Darum will ich etwas für dich tun. Diese Hütte wird eine Falle sein, in der du viele Tiere fangen kannst, ohne dich abzumühen. Sie laufen hinein und können nicht mehr heraus: Hirsche, Rehe, kleine Bären, vollgefressene Kaninchen.«
Das ist gar nicht schlecht, dachte der Jaguar.
»Ich kann es aber nicht allein machen«, erklärte das Kaninchen, »du mußt mir helfen. Zieh bitte diesen Ast hier hoch für das Dach.«
Da mußte der Jaguar sich strecken und stellte sich auf die Hinterbeine.
»Ist es gut so?« fragte er.
»Sehr gut«, sagte das Kaninchen, und band ihm rasch die Hinterbeine mit ein paar kräftigen Lianen zusammen.

»Paß doch auf«, brüllte der Jaguar, »nicht meine Füße.«

»Es geht nicht anders«, sagte das Kaninchen, »sonst wird das hier unten nichts.« Und es ging nach oben und band auch die Tatzen zusammen, deren Krallen den großen Ast hielten. »Keine Sorge, es klappt, und gleich bist du das Zeug los.« Aber für den Jaguar war es schon zu spät. Er war gefesselt, und das Kaninchen nahm einen scharfen Stein, tötete ihn und zog ihm das Fell ab.

Als die Tiere von dieser Tat erfuhren, bekamen sie Angst vor dem Kaninchen, denn es hatte ihren größten Feind besiegt und brüstete sich sehr mit seiner Schlauheit. Dann machte sich das Kaninchen auf, um an den Ort zu gelangen, wo die großen Affen wohnen. Sie flüchteten sofort auf die Bäume, kreischten und warfen mit Nüssen, Früchten und Ästen nach dem Kaninchen.

Dieses blieb aber ganz ruhig. Es fing an, auf einer kleinen Trommel zu schlagen, und da verstummte der Lärm, denn das gefiel der Affenschar. Schließlich kam ein großer Affe herabgeklettert und näherte sich dem Kaninchen.

»He, Kaninchen, spiel weiter, damit ich tanzen kann.«

»Gern«, sagte das Kaninchen, »aber wir könnten auch rasch diesen hohlen Baumstamm fällen, der klingt als Trommel viel lauter und schöner.«

OMETEOTL UND DAS SCHLAUE KANINCHEN

»Wird gemacht«, sagte der Affe, »aber schnell, denn ich will tanzen.«

Das Kaninchen beschmierte den Baum mit Harz, das gut klebe, aber das wußte der Affe nicht. Dem Affen erklärte es: »Ich habe den Baum eingeschmiert, damit die Trommel einen guten Klang gibt. Jetzt bist du dran. Wirf den Baum um.«

»Nichts einfacher als das«, sagte der große Affe. Er trat mit einem Fuß gegen den Baum, und schon klebte er fest. Er schlug mit einer Hand gegen den Baum, da klebte auch die fest. Da wurde er wütend und schlug auch mit dem zweiten Fuß und der zweiten Hand gegen den Baum, wollte auch noch mit dem Schwanz daran rütteln,

Es kann gefährlich sein, zu schlau sein zu wollen.

und schließlich hing er mit Händen, Füßen und Schwanz an dem Baum und brüllte fürchterlich.

Da rannten die anderen Affen in Panik davon, und das Kaninchen nahm wieder einen scharfen Stein, tötete den großen Affen und zog ihm das Fell ab.

Als die anderen Tiere davon hörten, bekamen sie noch mehr Angst vor dem schlauen Kaninchen, das sich mit seiner Tat brüstete.

Das Kaninchen machte sich auf den Weg zum Fluß, wo die Krokodile zu Hause waren. Ein großes Krokodil lag an einer Sandbank im Wasser und döste. Das Kaninchen fing an, mit einem großen Ball aus

Kautschuk vor ihm zu spielen. Der Kautschukball war sehr schwer, aber er sprang sehr gut, und das Kaninchen ließ ihn kreuz und quer hüpfen und war sehr vergnügt.

Das Krokodil sah eine Weile zu und fragte dann, was das für ein Spiel sei.

»Ein sehr schönes Spiel«, sagte das Kaninchen, »das allen viel Spaß macht, die es spielen.«

»Ich würde gern mit dir spielen«, sagte das Krokodil, »aber ich kann nicht weg vom Wasser, weil ich dann so viel von meiner Kraft verliere.«

»Na, bitte«, erwiderte das Kaninchen, »dann verpaßt du halt den Spaß. Außerdem weiß jedes Kaninchen, daß es nicht mit Krokodilen spielen soll, weil das viel zu gefährlich ist. Man kann gefressen werden.«

»Wenn ich mit dir spiele«, meinte das Krokodil, »würde ich dir nicht weh tun. Natürlich nur, wenn ich bei dem Spiel gewinne.«

»Siehst du«, rief das Kaninchen, »das ist mir viel zu gefährlich!« Und es spielte noch ein Weilchen.

»Ich möchte doch mitspielen«, sagte das Krokodil plötzlich, »und ich tue dir bestimmt nichts. Ich komme jetzt aus dem Wasser.«

Aus dem Wasser kam das Krokodil sehr schnell, an Land bewegte es sich schon langsamer. Das Kaninchen warf ihm vorsichtig den großen Ball zu, und das Krokodil hatte viel Spaß, ihn mit dem Schwanz

zurückzuschlagen. Dann auf einmal warf das Kaninchen den Ball sehr hart und traf das Krokodil am Kopf.
»Paß doch auf!« brüllte es. »Wenn du meine Schnauze erwischt hättest, hätte ich tot sein können!«
Da wußte das Kaninchen, wo der schwache Punkt des Krokodils war, und spielte ganz sanft weiter, bis es sich beruhigt hatte. Dann aber schleuderte es ihm den großen, schweren Ball mit aller Kraft auf die Spitze der Schnauze, und das Krokodil fiel sofort tot um.
Das Kaninchen zog ihm die Haut ab, holte das Fell des Affen und das des Jaguars und machte sich damit auf den Weg zu Ometeotl.
Ometeotl war sehr überrascht, daß es dem schlauen Kaninchen gelungen war, den wilden Jaguar, den großen Affen und das starke Krokodil zu besiegen.
»Ich habe dir ja gesagt«, erklärte das Kaninchen, »daß es für mich eine Kleinigkeit ist, jedes Tier zu überlisten. Ich habe mein Wort gehalten, und jetzt will ich von dir, daß du mich größer machst, denn ich bin der Allergrößte und habe das verdient.«
Ometeotl war nun klar, wie gefährlich das Kaninchen mit seiner Schlauheit war, und sagte: »Wenn du schon klein so gefährlich bist, wie schlimm würde es dann sein, wenn du auch noch groß wärest.

Ometeotl und das schlaue Kaninchen

Die Tiere haben dir vertraut, aber du wolltest nur schlauer sein als sie. Das ist nicht gut für diese Welt.«
Und Ometeotl packte das überschlaue Kaninchen bei den Ohren und warf es in den Kosmos zu Großmutter Mond. Wenn ihr genau hinschaut, könnt ihr es noch immer dort sehen – in einem Gefängnis aus Licht.

Von grossen und kleinen Tieren

Es war einmal ein Jaguar, ein besonders großer und schöner Jaguar, der glaubte, er sei das mächtigste unter allen Tieren. Mit majestätischen Schritten und gewaltigen Sätzen bewegte er sich durch den Urwald und achtete nicht, wohin er trat. Warum sollte er auch: Er war doch der Größte.
Als er wieder einmal so dastand in all seiner Herrlichkeit, vernahm er unter sich ein kleines Stimmchen.
»He, hallo, du da oben, schau doch mal her!«
Der Jaguar suchte, wo die Stimme herkam, und da entdeckte er eine winzige Grille, die auf seiner linken Tatze saß und zu ihm aufschaute.
»Was willst du von mir, du Winzling?«
»Paß doch bitte das nächste Mal auf, wo du hintrittst«, sagte die Grille, »denn du hast mich mit deiner Pfote fast getötet!«

Von grossen und kleinen Tieren

»Das ist ja zum Lachen«, brüllte der Jaguar, »du winziges Ding willst mir sagen, was ich machen soll!«

»Ich bitte dich ja nur, daß du aufpassen sollst, und sonst nichts«, sagte die Grille, und das Gebrüll des Jaguars erschreckte sie überhaupt nicht. Da wurde er richtig wütend.

»Du frecher Winzling«, brüllte der Jaguar noch lauter, »ich werde dich auf der Stelle zerquetschen!«

»Halt«, die Stimme der Grille wurde jetzt ganz durchdringend, »dann erkläre ich dir den Krieg! Ich werde dir zeigen, daß wir Kleinen nicht so schwach sind, wie du glaubst.«

Jetzt wollte sich der Jaguar wirklich kaputtlachen und ließ unter seinem glänzenden Fell die Muskeln spielen. »Du klitzekleine Grille möchtest gegen mich kämpfen?! Siehst du nicht, wie stark und mächtig ich bin?«

»Du bist wie alle großen Tiere. Nur weil ihr groß seid, haltet ihr euch für etwas Besseres. Aber wir sind euch ebenbürtig, auch wenn wir klein sind, und wir werden es euch zeigen. Rufe alle großen Tiere zusammen, und ich hole alle kleinen Tiere des Waldes, und dann tragen wir unseren Streit aus. Wir werden ja sehen, wer gewinnt.«

Der Jaguar lachte noch lauter und stimmte dem Vorschlag zu, denn dann würden die großen Tiere unter diesen kleinen Quälgeistern endlich richtig aufräu-

Von grossen und kleinen Tieren

men können. Sie vereinbarten, daß sie am übernächsten Tag den Wettkampf austragen wollten.

Der Jaguar trommelte die Pumas und Bären, die Affen und Riesenschlangen und alle großen Tiere des Waldes zusammen, die Grille hingegen die Moskitos und Bienen, die Skorpione und Taranteln, die Wespen und Ameisen – zahllos war das Heer der kleinen Tiere im Wald; und dann standen sie sich gegenüber. Der Krieg dauerte nicht lange.

Jaguar und Puma konnten sich mit aller Kraft ihrer Pfoten nicht der schnellen Moskitos und Bienen erwehren, den Bären halfen ihre Pranken nicht gegen Skorpione und Ameisen, die Affen flüchteten vor den Taranteln auf die Bäume und wurden von den Wespen gestochen, und schließlich rannten all die großen und eingebildeten Tiere wehklagend davon.

Die Kleinen aber jubelten und riefen ihnen nach: »Nun habt ihr es gesehen! Die Kleinen sind genauso stolz und mächtig wie die Großen, und alle Tiere haben das gleiche Recht zu leben und geachtet zu werden.«

MENSCH, HALTE EIN!

Zivilisierter Mann, halte einen Moment ein,
um nachzudenken.
Warum gehst du so schnell, ohne dich umzusehen,
mit einem phlegmatischen Ausdruck
der Apathie und des Unglücks im Gesicht?
Schau hinter dich und sieh, was du zerstört hast:
alle Hochkulturen, hübsche Flüsse, zarte, schöne
   Blumen,
die Nester der Vögel sind zerbrochen. Alles
   gemordet.
Sogar deinen eigenen Bruder und manchmal sogar
deine eigene Mutter.
Menschen, genau gleich, wie du oder ich –
du bringst sie um mit Gewalt.
Du bist oft im Schatten, in der Dunkelheit,
und du attackierst, ohne nachzudenken!
Vielleicht wirst du danach um Entschuldigung
   bitten,
aber die Störung ist bereits von dir verursacht.

Mensch, halte ein!

Unsere Erde fordert und bittet, daß du sie nicht
   vergißt,
daß du sie nicht weiter umbringst
mit deiner Ignoranz und Dummheit.
Die Tiere vom Urwald, die Fische im Meer,
die Schildkröten, die Wale, alle fragen dich:
»Warum läßt du uns nicht in Ruhe?«
Von deinem Bruder, dem »Indianer«, hast du
seine symbolischen Schätze aus verschiedenen
Metallen, besonders die aus Gold,
das du niemals essen wirst, gestohlen.
Hast seine Geschichte und seine Kultur kaputt-
   gemacht –
gewalttätig zertreten.
Es sieht so aus, daß wenn du so schnell gehst,
deine Füße die Samen des Friedens, der Toleranz,
der Harmonie, der Freiheit und der Liebe
   zertreten.
Sogar die Gesundheit und das, was du bist,
ist für dich nicht wichtig.
Du setzt damit deinen eigenen Samen –
die Samen der Selbstzerstörung!
Willst du, zivilisierter Mann, dich selbst zer-
   stören?
Damit du in ein dir unbekanntes Paradies
   eingehst?
Dann bring dich um!
Aber lasse uns am Leben, denn wir lebten in einem

Paradies, und wir waren zufrieden –
bis du angekommen bist.
Wo sind deine Freunde?
Wo ist deine Liebe?
Wo ist dein Verständnis?
Wo ist dein Hunger zu lernen?
Wo ist deine eigene Kultur?
Das Heute, das du lebst, benutze es
für die Wiederherstellung,
damit deine Zukunft, die du selbst aufbaust,
nicht erfüllt sein wird mit Selbstmitleid.
Denn niemand weiß, was er besitzt,
bis er es verloren hat.

Popokatepetl und Iztakziuatl

Gleich in der Nähe von Mexiko-Stadt gibt es zwei Vulkane, der eine läuft nach oben hin spitz zu, der andere hat die Form einer liegenden Frau. Man nennt sie in unserer Sprache Popokatepetl, der rauchende Berg, und Iztakziuatl, die weiße Frau. So aber sind sie zu ihren Namen gekommen:
In Tenochtitlan, der wichtigsten Stadt der Azteken, lebten einst Akayatzin, ein großer Häuptling und seine schöne Tochter Iztakziuatl. Unter den Kriegern Akayatzins befand sich auch Popokatepetl, ein mutiger und gerechter Mann, aber von einfacher Herkunft.
Iztakziuatl und Popokatepetl liebten sich sehr und haben viel Zeit zusammen verbracht. Das bemerkte auch Häuptling Akayatzin. Da sagte er zu Popokatepetl: »Das kann ich nicht erlauben. Sie ist meine Tochter und von Adel, und du bist nur ein einfacher

Popokatepetl und Iztakziuatl

Krieger. Aber ich will dir eine Chance geben, Ruhm und Ansehen zu erwerben. Zieh in den Krieg und vollbringe große Taten. Wenn du zurückkommst, gebe ich dir meine Tochter zur Frau. Aber es müssen große Taten sein.«

Popokatepetl hätte alles getan, um für immer mit Iztakziuatl zusammensein zu können. So ist er in den Krieg gezogen, sehr weit weg und für lange Zeit. Und man hörte nichts mehr von ihm. Alle außer Iztakziuatl glaubten, er sei tot.

Und die Zeit ist verflossen, und eines Tages bestimmte Akayatzin einen anderen Mann für seine schöne Tochter.

»Ich liebe doch Popokatepetl«, flehte Iztakziuatl ihn an, »und muß auf ihn warten.«

»Wir haben lange genug gewartet«, entgegnete ihr Vater, »er ist tot. Nun mußt du heiraten.«

Da ging Iztakziuatl voller Trauer in ihre Kammer, nahm ein Messer und gab sich den Tod. Alle, die von dem Unglück hörten und von der großen Liebe zwischen Iztakziuatl und Popokatepetl wußten, waren davon sehr ergriffen und strömten von den Flüssen und Bergen herbei, um an ihrer Beerdigung teilzunehmen. Am vierten Tag der Feierlichkeiten, als sie begraben werden sollte, kehrte Popokatepetl zurück. Er war der Größte aller Krieger geworden, aber das erfuhren die Menschen erst jetzt, und seine Geliebte war tot.

Popokatepetl und Iztakziuatl

Als er hörte, was geschehen war, wie treu Iztakziuatl ihm gewesen war und lieber tot sein wollte, als mit einem anderen Mann verheiratet zu werden, nahm auch er ein Messer und tötete sich.
Iztakziuatl und Popokatepetl sind bis zum heutigen Tag zusammen. Iztakziuatl schläft, sie ist nicht tot, und Popokatepetl steht neben ihr und bewacht ihren Schlaf. Und wenn sie aufwacht, werden sie vereint sein in alle Ewigkeit.

ALUXI

Im Süden Mexikos, wo die Mayas leben, findet man in Höhlen unter kleinen Hügeln oftmals Malereien, auf denen kleine Menschen mit brauner Hautfarbe dargestellt sind. Die Mayas nennen sie Aluxi und glauben, daß sie noch heute leben. Die Geschichten von den Aluxi haben ihre Wurzeln in uralter Zeit und reichen bis in unsere Tage.

Die Aluxi achten darauf, daß die Saat gedeiht und eine reichliche Ernte bringt: Mais, Kürbis, Kartoffeln, Chili, Patate – was immer in ihrem Land wächst, denn sie lieben das Essen, besonders wenn es von den »großen« Menschen zubereitet wird.

Die Aluxi sind liebe und friedliche Wesen, doch wenn die Menschen ihnen kein Essen geben, werden sie unwillig und rächen sich. Die Saat gedeiht nicht mehr oder wird von den Vögeln aufgefressen; Larven und Würmer an den Keimen lassen die Pflanzen verderben.

Es kann schlimme Folgen haben, wenn die Men-

ALUXI

schen mehrere Jahre die Aluxi vergessen, denn dann wachsen auch am Boden keine Erdnüsse mehr, und die Sträucher tragen keine Kakao- und Kaffeebohnen, es gedeihen keine Papayas und Bananen, und die Bäume geben keinen Kautschuk.

Mit den Aluxi muß man achtsam umgehen.

Das geschieht bis in unsere Tage durch eine Zeremonie, die Matan-Kol heißt: »Essen weggeben«.

Diese Zeremonie findet zweimal im Jahr statt, im März und im September, weil in der Welt der Maya und Azteken alles seine Entsprechung hat, wie Mann und Frau – die ewige Dualität.

An diesen Tagen versammeln sich alle im Dorf, und alle müssen sie satt werden. Jeder bringt eine Schale für sein Essen mit. Es besteht aus Mais, weil dies die wichtigste Pflanze für die Ernährung ist, und nur Männern ist es erlaubt, ihn zuzubereiten, weil der Mais männlich ist...

In anderen Erzählungen über die Aluxi wird berichtet, daß sie unter der Erde Tunnel graben, damit sie sich unbemerkt bewegen können. Ja, sogar Städte unter der Erde sollen sie errichtet haben. Auch wenn es dort kein Licht gibt, so sind die Augen der Aluxi doch so gut, daß sie wie manche Tiere auch in der Finsternis sehen.

Heutzutage, so sagen unsere Brüder, die Mayas, fürchten und meiden die Aluxi den Menschen, und es gibt immer weniger heute, die nicht nur Matan-

Aluxi

Kol feiern, sondern den Aluxi auch bei der Ernte auf dem Feld eine Gabe bereitstellen. Denn die meisten wissen nicht mehr, daß die Aluxi ihre Äcker und Pflanzungen schützen. Aber auch wenn man die Aluxi nicht sieht, heißt das noch lange nicht, daß sie nicht existierten.

Der alte Balken

Es war einmal ein sehr reicher Mann, der war sehr großzügig und hat seinen einzigen Sohn sehr geliebt und ihm jeden Wunsch erfüllt. Als der Junge älter wurde, hatte er wenig gelernt und mußte nicht arbeiten, gab das Geld mit vollen Händen aus und machte sich keine Sorgen über die Zukunft – denn sein Erbe war ihm gewiß.

Der Vater ermahnte seinen Sohn immer wieder, er möge nicht so verschwenderisch sein, und hatte großen Kummer. Doch er gab dem Jungen immer wieder Geld, auch wenn der alles verschleuderte.

Als der Alte auf dem Sterbebett lag, rief er den Sohn zu sich: »Ich werde sterben, Junge, und du wirst allein sein. Ich liebe dich und habe nur einen Wunsch: Höre auf, das Geld aus dem Fenster zu werfen, damit ich ruhig sterben kann.«

»Ich liebe dich auch, Vater«, sagte der Sohn, »aber

DER ALTE BALKEN

du mußt begreifen: Geld ist doch nur dazu da, daß man sich ein gutes Leben macht. Ich kann dir nichts versprechen.«

Bekümmert antwortete der Vater: »Ich achte dich, mein Sohn, aber ich will dir Kummer ersparen. Es wird eine Zeit kommen, da wird meine ganze Hinterlassenschaft aufgebraucht sein, und es wird dir kein einziger Freund bleiben. Du wirst in einen Abgrund der Verzweiflung stürzen und keinen Ausweg mehr sehen. Ich sage dir offen, was ich sehe: Du wirst dich erhängen wollen. Wenn du es tust, dann tu es in diesem Haus an diesem Balken über dem Fuß meines Bettes.«

Der Sohn dachte nur, daß der alte Mann verrückt sei, und versprach es, weil er schnell weg wollte. An diesem Abend ist der Vater gestorben.

Es geschah, wie der Vater vorausgesagt hatte. Der Sohn verschleuderte sein Erbe mit leichtsinnigen Freunden und Frauen, und plötzlich war er arm und verschuldet und hatte keine Freunde oder Frauen mehr, die ihn unterstützten oder trösteten, und sah keinen Ausweg mehr.

Er wollte sich erhängen, und da erinnerte er sich des Versprechens, das er seinem sterbenden Vater einst gegeben hatte. Das wenigstens wollte er halten.

Er stellte sich auf einen Stuhl unter dem alten Balken, verknotete ein Seil mit einem Ende daran; das

andere Ende des Seils legte er als Schlinge um seinen Hals und trat den Stuhl beiseite.
Aber er ist nicht gestorben. Der alte Balken zerbrach, er stürzte zu Boden, und eine Unmenge von Goldstücken regnete vom Balken herab, die sein Vater darin versteckt hatte.
Er kannte seinen Sohn, und er liebte ihn.
Viele Freunde standen danach wieder an seiner Tür. Doch der Sohn dachte an die Weisheit seines Vaters und schickte sie fort. Er begann zu arbeiten und sah sich nach anderen Freunden um.

DER SCHLAF EINES KINDES

An jedem Morgen ist sie noch vor Tagesanbruch aufgestanden. Gerne hätte sie sich auf die andere Seite gedreht, die Augen wieder geschlossen und noch ein bißchen geschlafen. Aber sie mußte doch aufstehen, um zu arbeiten, die Tiere zu füttern, das Feld zu bestellen und den Haushalt zu versorgen.

Ihr Kind schlief, sie gab ihm einen Kuß und machte sich auf den Weg.

Gegen Abend kam sie immer erst spät ins Haus zurück und war sehr müde. Ihr Kind hatte gespielt, wie jeden Tag, und einiges war kaputtgegangen, wie jeden Tag, und hatte sich schmutzig gemacht, und das Haus mußte sie auch noch saubermachen. Wie jeden Tag.

Doch eines Tages war zu viel schmutzig und zu viel kaputtgegangen, und sie hatte wieder nur gearbeitet, und das Kind hatte den ganzen Tag gespielt; und sie

Der Schlaf eines Kindes

war schon müde und sehr wütend. Da sagte sie: »So geht das nicht weiter. Morgen mußt du mit mir aufstehen. Morgen mußt du mit mir zum Markt gehen. Du mußt mit mir das Futter für die Tiere holen und das Brennholz sammeln. Du mußt mit mir Essen machen und mir helfen. Es ist einfach nicht gerecht, wenn du nur spielst und ich nur arbeite. Geh jetzt ins Bett, damit du morgen mit mir aufstehen kannst.«

So gingen beide schlafen. Das Kind war störrisch und zornig, weil es das alles nicht verstehen konnte, aber es ist mit der Mutter zu Bett gegangen.

Am nächsten Morgen ist die Mutter wieder zeitig aufgestanden, um sich an die Arbeit zu machen und ihr Kind wach zu rütteln, damit es ihr helfen konnte.

Als sie es wecken wollte, hat sie es genau betrachtet. Es schlief so ruhig und schön, und es sah so glücklich und so friedlich aus.

Da sagte sie für sich nur leise: »Und diesen Schlaf soll ich stören? Das will ich nicht. Schlafe, mein Sohn, spiele, freue dich deiner Kindheit, lache, auch wenn etwas kaputtgeht. Ich bin deine Mutter, und ich liebe dich.«

Und sie gab sanft ihrem Kind einen Kuß und machte sich an die Arbeit, die wie jeden Tag auf sie wartete.

Die weinende Frau

Unsere Geschichte erzählt von einer Frau, die so hübsch und reizend war, daß sich viele Männer um sie stritten. Sie haben sich geschlagen und verletzt, und jeder wollte der erste bei ihr sein.
Irgendwann hat sie einen von ihnen geheiratet und war zufrieden, aber nicht glücklich. Sie bekam zwei Söhne, und die Leute in der Stadt munkelten, daß sie von zwei verschiedenen Vätern seien.
Auch ihr Ehemann hörte von diesen Gerüchten. Meist beachtete er sie nicht, manchmal jedoch wurde er wütend. Aber seiner Frau sagte er nichts davon.
Eines Tages kam er zurück von der Arbeit und fand seine Frau im Bett mit einem anderen Mann. Da wurde er so zornig, daß er den Liebhaber tötete und dasselbe auch mit seiner Frau tun wollte. Aber er liebte sie so sehr, daß er es nicht fertigbrachte. Doch

Die weinende Frau

er mußte fliehen, weil er einen Mord begangen hatte. Er kam nie wieder zurück.

Die Frau bekam einen furchtbaren Schrecken durch dieses Erlebnis, weil sie ja wußte, daß ihr dasselbe wie ihrem Liebhaber hätte widerfahren können. Doch sie war jung und hübsch, und es gefiel ihr, daß andere Männer sie weiter umwarben und sie in ihrem Haus besuchten.

Ihre Sinne verwirrten sich, und sie konnte nicht verstehen, weshalb ihr Mann fortgegangen war; und so gab sie ihren beiden Söhnen die Schuld daran. Sie begann sie zu schlagen und zu quälen und sich nach dem Ehemann zu sehnen, der sie verlassen hatte.

In einer Vollmondnacht führte sie ihre Kinder zum anderen Ufer des Flusses und ertränkte sie. Danach verwirrte sich ihr Geist vollkommen. Von diesem Zeitpunkt an ist sie jede Nacht ans andere Ufer des Flusses gegangen, hat sich dort niedergelassen und im Geist ihre Söhne gesehen und auch, wie sie die beiden getötet hatte. Sie fing an, in einem langen weißen Kleid herumzuwandern und nach ihren Söhnen zu rufen: *Ay, mis hijos!* (Oh, meine Söhne!)

Und eines Tages ist sie gestorben. Aber ihr Geist wandert noch immer am Ufer des Flusses herum, und viele Menschen haben ihr Weinen gehört. Es macht ihnen angst, darüber zu sprechen.

Der Tanz der Rehe

Im Norden Mexikos lebt der Stamm der Yaki. Sie gehören wie die Pame, Pima, Apachen, Komanchen, Pueblo, Cora, Mayo, Seri und viele andere zum Volk der Azteken, der Nahuatl. Das Reh ist in unseren Kulturen heilig, weil es uns ernährt. Aber auch andere Tiere werden von uns verehrt: der Kolibri oder der Adler und der Vogel Quetzal, dessen grüne Farbe uns Fruchtbarkeit verspricht und dessen vier Schwanzfedern, zwei kurze und zwei sehr lange, für uns die Dualität von Natur und Weisheit symbolisiert. Darum dürfen nur sehr wenige Menschen sich mit den Federn des Quetzal schmücken.

Unsere Brüder, die Yaki, führen noch heute einen alten Tanz auf, der dem Reh gewidmet ist, das sie ernährt, und mit dem sie auch um Verzeihung bitten, weil sie es töten müssen. Diese Zeremonie findet immer vor der Jagd statt und hat folgende Geschichte:

Der Tanz der Rehe

Einmal, als die Jäger in die Berge gingen, um Rehe zu jagen, mußten sie lange suchen, und konnten doch keines entdecken, bis einer eine frische Spur entdeckte. Der Wind half ihm, dem Geruch des Rehs zu folgen. Und plötzlich stand der Jäger in einem kleinen Tal und sah vor sich ein Reh, so hübsch und stolz, mit so viel Anmut und Würde, daß er es nur gebannt betrachten konnte.

Es schien, als wisse das Reh genau, daß der Jäger es beobachtete: Am Ende senkte es seinen Kopf wie zum Dank, daß der Mann es verschont hatte, und verschwand dann spurlos.

Der Jäger ging zurück zu seinen Gefährten und erzählte, was er gesehen hatte. Sie stellten daraufhin die Jagd ein und kehrten in ihr Dorf zurück.

Dort war man betrübt, daß die Jäger keine Beute brachten. Da bat der Jäger, der dem Reh gefolgt und es nicht getötet hatte, seine Brüder, denen er von seinem Erlebnis erzählt hatte, den Männern und Frauen des Stamms in einem Spiel zu zeigen, was geschehen war.

So schlug einer sacht die Trommel, das war der Herzschlag der Natur. Zwei andere mimten die Jäger, die vergebens nach dem Wild suchten. Ein vierter stellte im Tanz dar, wie er die Spuren des Rehs fand, und ein weiterer ahmte auf einer kleinen Flöte den Wind nach, der dem Jäger den Geruch des Rehs zutrug.

Der Jäger aber, der das Reh gefunden hatte, spielte

nun selbst das Reh. Er bewegte sich und sprang so anmutig wie das Reh, ahmte nach, wie es gelauscht und dann seinen Kopf wie zum Dank geneigt hatte, weil der Jäger es nicht getötet hatte. Da waren sich alle Stammesangehörigen einig, daß es richtig gewesen war, das Reh am Leben zu lassen. Doch sie wußten auch, daß sie in alle Zukunft Rehe jagen müßten, um sich ernähren zu können und selbst am Leben zu bleiben. Darum beschlossen sie, vor jeder Jagd den Rehtanz aufzuführen, aus Dankbarkeit und als Bitte um Verzeihung.

Zwei Männer spielen die Trommel, ein dritter die Flöte, zwei andere die Jäger und ein sechster das Reh. Und einer der Trommler singt: »Bruder Reh, verzeih uns. Wir müssen dich töten, damit wir zu essen haben. Aber wenn wir sterben und zur Erde zurückkehren, werden wir wiederkommen – als Grashalme, als Pflanzen und Früchte –, und dann werden deine Nachkommen sich an uns laben.«

Nehuan
ni tehuan

Nehuan ni tehuan – tehuan ni nehuan!
Das ist in unserer Sprache ein geflügeltes Wort. Es bedeutet »Ich bin du und du bist ich« und bedeutet, daß man sich gegenseitig achten und respektieren und einander nichts Böses antun soll; denn sonst fällt es irgendwann auf einen selbst zurück. Das mußte auch der Hase lernen, der in unseren Legenden ein sehr eigensüchtiges Tier ist. Und das kam so: Einmal hat der Hase beschlossen, reich zu werden. Aber wie? Denn arbeiten wollte er nicht, und deshalb mußte er sich sehr beim Denken anstrengen. Als eine Kakerlake vorbeispazierte und ihn begrüßte, kam ihm eine Idee.
»Hallo, du da, ich brauche unbedingt zehn Pesos. Ich bin Bauer und werde im nächsten Jahr sehr viel Mais ernten, aber im Moment bin ich etwas knapp an Saatgut. Wenn du mir jetzt zehn Pesos gibst, be-

kommst du dafür nach meiner Ernte eine ganze Tonne Mais zurück.«

Die Kakerlake dachte bei sich, das sei ein sehr gutes Geschäft, gab dem Hasen zehn Pesos und ging ihres Weges. Das war leicht, dachte sich der Hase, und ging zu einem Hahn.

»Guten Tag, mein lieber Hahn! Ich bin Bauer und brauche dringend zehn Pesos, denn ich will viel Mais aussäen, damit ich im nächsten Jahr eine große Ernte habe. Wenn du mir jetzt zehn Pesos gibst, werde ich dir dafür eine ganze Tonne Mais zurückgeben!«

Das schien auch dem Hahn ein gutes Geschäft, und er gab dem Hasen das Geld.

Wie leicht das war, dachte sich der Hase, und er sprach einen Kojoten an, erzählte ihm die gleiche Geschichte. Auch der Kojote gab ihm zehn Pesos.

Sogar den schlauen Kojoten habe ich überzeugt, freute sich der Hase, und wurde schon ziemlich übermütig. Kurz darauf begegnete er einem Jaguar.

»Was treibst du so, Hase?« fragte der Jaguar, und er schaute etwas hungrig drein.

»Ich suche jemand, der mir zehn Pesos gibt, damit ich viel Mais pflanzen kann. Im nächsten Jahr zahle ich dann eine Tonne Mais zurück.«

Der Jaguar überlegte, daß er das gut gebrauchen könnte.

»Ich mache es, ich gebe dir zehn Pesos. Aber vergiß nicht, mir die Tonne Mais zu liefern!«

»Nein, nein, natürlich nicht«, versicherte der Hase und lief eilig davon.

Am Flußufer traf er auf den Jäger, und nun packte ihn der Größenwahn.

»Jäger, ich habe ein gutes Geschäft für dich!«

»Was für ein Geschäft?« fragte der Jäger und zielte mit dem Gewehr auf den Hasen.

»Schieß nicht auf mich, dann tue ich dir auch etwas Gutes«, sagte der Hase. »Wenn du mir zehn Pesos gibst, bekommst du im nächsten Jahr eine Tonne Mais von mir. Jeder hier kann dir sagen, wieviel Mais ich anbaue.«

Was man verspricht, muß man halten.

Der Jäger kam zu dem Entschluß, daß dies ein gutes Geschäft war, und rechnete schon seinen Profit aus.

»Gut, ich gebe dir zehn Pesos. Aber vergiß nicht, mir rechtzeitig eine Tonne Mais bereitzustellen, sonst wirst du mich kennenlernen!«

»Keine Sorge, das klappt schon«, antwortete der Hase.

Er war sehr zufrieden mit sich. Fünfzig Pesos waren damals viel Geld, und nun fühlte sich der Hase richtig reich. Natürlich dachte er nicht daran, ein Feld zu bestellen, denn jetzt hatte er ja Geld und brauchte nicht zu arbeiten.

So ging das Jahr ins Land, das Wetter war sehr schön,

der Mais gedieh überall prächtig, und nach der Ernte quollen die Scheunen über. Aber keiner seiner Gläubiger hörte etwas von dem Hasen.

Da gingen die Kakerlake, der Hahn, der Kojote, der Jaguar und der Jäger zu ihm und forderten die versprochene Tonne Mais. Der Hase vertröstete sie alle auf einen bestimmten Tag, an dem sie, jeder zu einer bestimmten Uhrzeit, den Mais bei ihm abholen sollten.

Zuerst erschien die Kakerlake: »Wo ist mein Mais?«

»Guten Tag, nimm doch Platz, sogleich… Ach, da kommt schon der Hahn, wie dumm. Kriech geschwind unter diese Kiste, sonst wird er dich noch fressen!«

Sofort und voller Angst verkroch sich die Kakerlake unter der Kiste, und der Hahn stolzierte herein.

»Wo ist mein Mais?«

»Guten Tag«, sagte der Hase, »sogleich hole ich ihn. Vielleicht willst du derweil einen Imbiß – unter dieser Kiste ist eine Kakerlake, sie schaut lecker aus.«

Sofort suchte der Hahn die Kakerlake, fraß sie, bedankte sich beim Hasen für den Tip und verlangte: »Nun aber meinen Mais!«

»Ist schon unterwegs«, sagte der Hase, »ach, da kommt ja der Kojote, dein ärgster Feind, wie dumm. Flieg schnell auf das Dach, sonst wird er dich noch fressen!«

Sofort und voller Angst flog der Hahn aufs Dach, und schon war der Kojote da.

»Wo ist mein Mais?«

»Guten Tag«, sagte der Hase, »sogleich hole ich ihn. Auf dem Dach hat sich übrigens ein leckerer Hahn versteckt, vielleicht magst du ihn?«

Böses fällt leicht auf einen selbst zurück.

Der Kojote sprang aufs Dach, fraß den Hahn, bedankte sich beim Hasen und verlangte: »Nun aber meinen Mais!« »Gerne«, sagte der Hase und sah nach draußen, »oj, da kommt der Jaguar. Schlüpf schnell unter das Bett, sonst wird er dich noch fressen!« Sofort und voller Angst versteckte sich der Kojote unter dem Bett. Der Jaguar betrat von einer beschwerlichen Reise kommend mit müdem Schritt die Hütte.

»Wo ist mein Mais?«

»Guten Tag«, sagte der Hase, »sogleich hole ich ihn, du siehst hungrig aus. Unter dem Bett liegt ein Kojote, da kannst du dich stärken.«

Der Jaguar fraß den Kojoten, bedankte sich und sagte, daß er nun ein wenig ruhen wolle: »Inzwischen holst du meinen Mais!«

»Aber gewiß doch«, sagte der Hase, und der Jaguar schlief ein.

Derweil tauchte der Jäger an der Hütte auf und forderte seinen Mais.

»Guten Tag«, sagte der Hase, »drinnen liegt ein Jaguar, vielleicht magst du sein Fell.«
Der Jäger ging in die Hütte, erschoß den Jaguar, zog ihm das Fell ab, bedankte sich und verlangte: »Und jetzt meinen Mais!«
»Sofort, ich hole ihn«, sagte der Hase und wollte sich davonmachen. Doch der Jäger packte ihn bei den Löffeln: »Eins nach dem andern. Zuerst will ich noch das Fleisch vom Jaguar.« Und er schnitt den Bauch des Jaguars auf und fand den Kojoten, in dem Kojoten den Hahn und in dem Hahn die Kakerlake. Da begriff der Jäger, was passiert war und wie der Hase alle belogen und betrogen und gar keinen Mais angebaut hatte. Da tötete er den Hasen und nahm ihn als Braten für seine Familie mit nach Hause.
Nehuan ni tehuan – tehuan ni nehuan!

ÜBER DIE ANGST
ZU SIEGEN

Es war einmal eine kleine Fledermaus, die mit ihren Eltern und vielen anderen Fledermäusen in einer großen dunklen Höhle lebte. Nachts flogen sie aus in die Weite der Natur, schwirrten durch die Luft, stießen ihre hellen unhörbaren Laute aus und fingen Fliegen.

Daran hatte die kleine Fledermaus große Freude, aber sie war auch ein neugieriges Kind und ungeduldig. Sie wollte wissen, wie es am Tag und im Licht da draußen aussah. Doch die Eltern und alle anderen Fledermäuse erklärten ihr immer wieder, daß sie es nicht wüßten, denn die Sonne und der Tag seien die größten Feinde der Fledermäuse, und wenn man hinausflöge, werde man sterben.

Die kleine Fledermaus wollte es nicht glauben. Vielleicht gab es ja am Tag viel schmackhaftere Mücken und Fliegen? Vielleicht könnte man da ja noch ganz

Über die Angst zu siegen

andere Dinge erleben? Immer wieder flog sie auch am Tag zum Ausgang der Höhle, aber sie konnte das Licht nicht ertragen, die Sonne blendete sie zu stark. Sie bekam Angst und flog zurück in die Dunkelheit. Die Sonne war ihr größter Feind. Die kleine Fledermaus dachte darüber nach, wie sie die Sonne besiegen könnte. Sie sprach mit den alten und den uralten Fledermäusen und bat sie um Rat. Aber sie wußten keinen.

Dann ging sie zu den jungen Fledermäusen und forderte sie auf: »Laßt uns die Sonne besiegen!«

Aber die antworteten ihr: »Die Sonne werden wir nicht besiegen. Sie ist stärker als wir!«

Dann muß ich es allein versuchen, sagte sich die kleine Fledermaus. Kurz bevor die große Sonne unterging und schwächer wurde, versuchte sie, viel Wasser gegen sie zu schleudern, um sie damit auszulöschen.

Aber die Sonne ging am nächsten Tag genauso stolz und mächtig auf, und die anderen Fledermäuse verspotteten sie.

Dann schleppte sie ganz tief aus der Höhle Eisbrocken heran und schleuderte sie aus dem dunklen Eingang der Höhle gegen die Sonne.

Aber am nächsten Morgen leuchtete die Sonne so hell wie alle Tage zuvor, und die anderen Fledermäuse lachten über die kleine Fledermaus.

Sie gab aber nicht auf und versuchte es mit anderen

ÜBER DIE ANGST ZU SIEGEN

Tricks, aber sie konnte die Sonne nicht auslöschen und wagte es nicht hinauszufliegen ins Licht; denn sie hätte ja sterben können. Aber ihre Sehnsucht, dort draußen zu sein und die Welt auch bei Tag zu sehen, wuchs.

Als sie endlich erkannte, daß man die Sonne nicht besiegen kann, rief sie ihr entgegen: »Ich kann dich nicht auslöschen, ich kann dich nicht besiegen, aber ich habe keine Angst mehr vor dir, denn ich habe keine Angst zu sterben!«

Und sie flog hinaus in den Tag, das Licht und die Sonne. Die Fledermäuse drängten sich am Rand der Höhle, voller Angst, denn nun, darüber waren sie sich einig, würde ihre kleine Schwester sterben.

Doch ihre Schwester Fledermaus starb nicht. Sie schwirrte durch den Tag im Schatten der Bäume und war glücklich, denn sie hatte ihren größten Feind besiegt: die eigene Angst.

MIKISTLI

Bei uns zu Hause in Mexiko ist der Tod nichts, wovor man sich fürchten muß. Er ist Teil des Lebens. Wir sind sicher, daß in der Natur nichts stirbt. Es verändert nur seine Form, alles verändert sich. Darum gibt es in der Sprache der Azteken, die Nahuatl heißt, auch kein Wort für den Tod. Man sagt Mikistli, und das bedeutet Ruhe.

Wenn jemand stirbt, ist das auch kein Grund zu trauern, sondern einer zu feiern. In Michoacan wird jedes Jahr Anfang November tagelang ein großes Fest mit vielen bunten Blumen, Früchten, Masken, Kerzen, Weihrauch und Speisen gefeiert, die den Verstorbenen gefallen und geschmeckt haben. Drei Tage darf niemand diese Gaben auf dem Altar berühren oder kosten, aber am vierten – das ist eine heilige Zahl – wird alles geteilt und verzehrt.

Es war einmal ein Mann, dem war das ganz gleichgültig. Er war faul und wollte nicht arbeiten, so daß er seiner Frau nichts mitbringen konnte, womit sie hätte einen Altar schmücken und Speisen zubereiten können. Alle anderen haben ihre Altäre geschmückt und gesungen, getanzt und gebetet und mit ihren Toten gesprochen. Da hat seine Frau zu ihm gesagt: Denk doch an deine Eltern. Aber dem Mann war das gleichgültig, und er ist in den Wald gegangen und hat geschlafen. Da hatte er einen Traum. Er sah, wie die Toten in einer Prozession an ihm vorbeigingen, Kinder und Alte, Frauen und Männer, und sie waren fröhlich, hatten Blumen und Speisen, die wunderbar dufteten. Auch seine Eltern waren darunter. Sie sahen als einzige sehr traurig aus und waren mager und hatten nichts zu essen außer einem bißchen Gemüse und etwas Wasser.

Der Mann konnte sich nicht vorstellen, was der Traum bedeutete. Aber er hatte ihn beunruhigt, und so eilte er rasch nach Hause.

»Was für einen Altar hast du gemacht?« fragte er seine Frau.

»Du hast mir nichts gebracht«, antwortete sie bekümmert, »so konnte ich nur ein bißchen wildes Gemüse und Wasser daraufstellen.«

Da schämte sich der Mann sehr und wunderte sich, wie er nur seine Eltern hatte vergessen können. Und er nahm sich vor, im nächsten Jahr viele köstliche Speisen bereitzustellen und alles gut und richtig zu machen.

Er hat aber das nächste Jahr nicht erlebt, weil er ge-

storben ist. Und er hat gewußt, daß da, wo er jetzt hingehen würde, seine Eltern nicht auf ihn warten würden, um ihm den weiteren Weg zu zeigen.
Nie dürfen wir unsere Traditionen vergessen, denn sie sind die Kultur des Menschen, und wenn man sie mißachtet, wird man sich selbst vergessen.

Die sechste Ebene

Wenn wir zur Erde zurückkehren, wird unser Körper zur Saat, aus der neues Leben erwächst und in der unsere Energie weiterlebt. Wir gehen durch neun verschiedene Ebenen mit vielen Hindernissen, die wir überwinden müssen, um zur letzten Ebene zu gelangen, wo Erleuchtung und Licht auf uns warten und ein neuer Kreislauf beginnt.

Auf der siebten Ebene ist das Hindernis ein großer See voller Krokodile, den nur ein Tier überwinden kann; das ist unser Bruder Hund, weil er so treu und dadurch unangreifbar ist.

Es war einmal ein Mann, der hatte einen wunderschönen Hund. Dieser war reinlich, gut und anhänglich, aber auch ein eigenwilliges Wesen, wie es die Art eines jeden ist; das wollte sein Herr nicht verstehen. Denn der Mann wünschte sich einen Sklaven, der nach seiner Pfeife tanzte; es wider-

strebte ihm, die Eigenart des Tieres zu respektieren. Er schnitt ihm den Schwanz ab, damit der Hund hübscher aussehe. Er schnitt ihm die Ohren ab, weil er nicht brav genug hörte. Das tat dem Hund sehr weh, aber den Mann kümmerte es nicht.

Dann ist der Mann gestorben, und weil er ein tüchtiger Mensch war, hat er die Hindernisse bis zur siebten Ebene auch gut überwunden, aber dort traf er seinen Hund, der ihn mit traurigen Augen anblickte.

»Kennst du mich noch?« fragte der tüchtige Mann.

»Und ob ich dich kenne«, antwortete der Hund.

»Warum weinst du dann?«

»Weil ich dich liebte«, sagte der Hund. »Du hast mir den Schwanz abgeschnitten und mich mit Füßen getreten, du hast mir die Ohren abgeschnitten und mir kein Futter gegeben, und dennoch liebe ich dich.«

»Warum weinst du dann?« fragte der Mann.

»Weil du das Wasser mit den Krokodilen nur überwinden kannst, wenn du dich auf meinen Schwanz setzt und an meinen Ohren festhältst. Aber ich habe keinen Schwanz mehr und keine Ohren, du hast sie abgeschnitten, und ich kann dich nicht mehr über den See bringen, obwohl ich dich liebe.«

Der Hund schwamm unbehelligt durch den See mit den vielen Krokodilen zum anderen Ufer. Der Mann blieb am diesseitigen Ufer zurück. Er hatte Tränen in den Augen, aber es war zu spät. Er mußte in alle Ewigkeit an diesem Ort verharren.

Wie ein Eingeborener Mexikos denkt

Es war einmal ein alter Mann, den alle im Dorf verehrten. Von seinen Vorfahren hatte er gelernt, kunstvolle kleine Körbchen zu flechten. Dazu benutzte er die Halme und Blätter von Gräsern, die er mit Farben aus Pflanzen und Erde, aus Muscheln und Insekten färbte. Daraus entstanden viele kleine Kunstwerke mit bunten Mustern und Figuren, jedes anders und mit viel Liebe und Phantasie hergestellt.

Diese Arbeit erforderte mühsame Vorbereitungen und viel Zeit, so daß er meist nur sechs und an guten Tagen auch einmal acht Körbchen fertigstellen konnte. Die trug er in das nächste Dorf, um sie dort auf dem Markt zu verkaufen. Nicht immer gelang ihm das. Manchmal fand er nur wenige Kunden, manchmal verkaufte er überhaupt nichts, und manchmal mußte er mit dem Preis heruntergehen, um überhaupt eines seiner hübschen Körbchen loszuwerden.

Trotzdem war der alte Mann immer freundlich und zufrieden, denn er hatte noch ein kleines Maisfeld, das ihn ernähren konnte.
Zur gleichen Zeit lebte in einer Stadt in Amerika ein weißer Mann, der als Verkäufer in einem Schuhgeschäft arbeitete. Doch seine Arbeit gefiel ihm nicht, er war unzufrieden und hatte nur einen großen Traum: Er wollte einmal Mexiko besuchen.
Darum sparte er soviel es ging von seinem geringen Lohn und lernte auch ein wenig Spanisch. Und eines Tages hatte er tatsächlich so viel Geld beisammen, daß er sich seinen Wunsch erfüllen und Ferien in Mexiko machen konnte.
Da kam er auch auf den Markt des kleinen Dorfes, in dem der von allen verehrte alte Mann seine Körbchen zum Verkauf feilbot. Sie gefielen ihm sehr gut, so daß er den alten Mann fragte: »Wieviel kostet ein Stück, Señor?«
Langsam, ohne ihn anzusehen und mit der Ruhe der Menschen, die weder Furcht noch Angst kennen, antwortete der alte Mann: »75 Centavos, Señor.«
Der weiße Mann nahm seinen Taschenrechner heraus und stellte eine Rechnung auf: 1 Dollar macht 8 Pesos, 1 Peso hat 100 Centavos, dann sind 75 Centavos 18 Cents. Das ist billig für so wunderschöne Körbchen! dachte er.
»Und wenn ich zwei kaufe, bekomme ich sie dann billiger?«

Wie ein Eingeborener Mexikos denkt

»Nun gut, Señor, ich gebe ihnen beide für einen Peso dreißig«, sagte der alte Mann, der an diesem Tag noch nichts verkauft hatte.

Sicher – dachte sich der schlaue weiße Mann –, sicher könnte ich ihn auch auf einen Peso herunterhandeln, aber der Alte, na ja, soll auch etwas verdienen. Und er kaufte die beiden Körbchen und fühlte sich sehr gut, weil er dem alten Mann geholfen hatte.

Als er wieder zu Hause war, schenkte er die Körbchen seiner kleinen Tochter und ging wieder zu seiner Arbeit, die ihm gar keine Freude machte. Für die paar Dollar am Tag plagte er sich als Verkäufer, und sein Chef wurde reich dabei! Der Mann war jetzt noch unzufriedener als zuvor.

Gute Arbeit schenkt Zufriedenheit.

Der alte Mann in Mexiko bekam für seine Körbchen höchstens drei, vier Pesos, das ist kaum ein halber Dollar am Tag, und verbrachte viele Stunden damit, das Material dafür zu sammeln und zu färben, es zu flechten und die Körbchen dann zu verkaufen. Doch er war zufrieden, denn seine Arbeit machte ihm Freude, und sein kleines Maisfeld ernährte ihn, auch wenn er einmal nichts verkauft hatte. Die kleine Tochter des weißen Mannes schenkte eines der Körbchen ihrer besten Freundin. Voller Freude brachte das Mädchen es nach Hause und zeigte es seinem Vater. Der war Schokoladenfabrikant und gleich eingenommen von der Schönheit des kleinen Kunstwerks: In solchen Körbchen könnte ich meine Süßwaren noch viel besser verkaufen, dachte er, denn er war ein tüchtiger Geschäftsmann. Und sofort rief der Schokoladenfabrikant den Schuhverkäufer an und vereinbarte mit ihm einen Termin.

Am nächsten Tag trafen sie sich, und der Fabrikant sagte: »Ich könnte zwanzigtausend Stück von diesen Körbchen gebrauchen. Können Sie mir so viele besorgen?«

Der Verkäufer wurde ganz aufgeregt, denn endlich sah er eine Chance, ein großes Geschäft zu machen, und seine Antwort war klar: »Selbstverständlich.«

»Was kostet das pro Stück?«

Um Zeit zu gewinnen und keinen Fehler zu machen, sagte der Verkäufer schlau: »Es ist weit weg, da wo die Körbchen angefertigt werden, es ist eine lange Reise dahin, und natürlich muß ich auch an meine Auslagen denken. Nennen Sie mir einen Preis.«

»Na ja«, meinte der Fabrikant, »natürlich sind das kleine Kunstwerke, das sieht jeder. Aber ich verkaufe keine Kunst, ich verkaufe Schokolade. Sagen wir also, ich bezahle pro Stück 1,75 Dollar und übernehme dazu Ihre Kosten.«

Der Mann, der in Mexiko gewesen war, konnte es nicht glauben, und in seinem Kopf ratterte es wie eine Rechenmaschine: Wahnsinn, ich werde reich!

Wie ein Eingeborener Mexikos denkt

Der Schokoladenfabrikant verstand die Überraschung im Gesicht des Schuhverkäufers falsch und dachte, sein Angebot sei zu niedrig. So schlug er ihm vor: »Nun gut, 2,05 Dollar und alle Nebenkosten. Das ist mein letztes Wort.«

Der »Mexikoexperte« erklärte sich einverstanden. Aber er fühlte sich ganz schwach. Seine Beine zitterten, und er konnte es gar nicht fassen, daß man so einfach von einem auf den anderen Tag reich werden konnte. Sofort ging er zum Besitzer des Ladens, in dem er so viele Jahre widerwillig Schuhe verkauft hatte, und machte all seinem über Jahre angestauten Ärger Luft. Natürlich werde er nicht eine Minute länger für diesen Hungerlohn arbeiten! Jetzt werde er selbst zum Millionär! Es war ein großer Tag, ein Triumph.

Man soll nichts überstürzen.

Von der Anzahlung, die der Schokoladenfabrikant geleistet hatte, kaufte er gleich all die Dinge, die er sich so lange gewünscht hatte und sich nie leisten konnte. Dann trat er seine Reise nach Mexiko an und ließ es sich an nichts fehlen, denn nun hatte er ja Geld.

So kam er wieder in das kleine Dorf. Auf dem Markt saß still der alte Mann mit seinen Körbchen, am selben Platz und in derselben Haltung. Es war, als sei

Wie ein Eingeborener Mexikos denkt

die Zeit stehengeblieben. Zielstrebig ging der Amerikaner auf ihn zu.
»Guten Tag, kennen Sie mich noch?«
Der Alte nickte.
»Ich bin wieder in diesem schönen Land, um mit Ihnen ein tolles Geschäft zu machen. Was würden Sie sagen, wenn ich Ihnen zwanzig von diesen schönen Körbchen abkaufe – was kostet dann das Stück?«
»75 Centavos, Señor.«
»Aber das letzte Mal habe ich 65 Centavos bezahlt!«
»Gut, dann gebe ich sie Ihnen auch heute für 65 Centavos.«
Es klappt, dachte sich der weiße Mann, genau wie ich es mir vorgestellt habe!
»Wenn ich nun fünfzig kaufe, was ist dann Ihr Preis?«
»Weil wir uns nun schon kennen, gebe ich Ihnen auch fünfzig für 65 Centavos.«
»Nein«, sagte der Amerikaner, »das kann nicht sein. Wenn ich doppelt so viele nehme, dann müssen Sie den Preis auch billiger machen. Sagen wir 55 Centavos pro Stück.«
»Nein, Señor«, entgegnete der alte Mann. »Es kostet genau gleich viel, und das nur, weil wir uns schon kennen.«
»Nun gut«, sagte der weiße Mann, »wieviel kostet ein Stück, wenn ich Ihnen tausend abnehme?«
»Tausend Stück – wieviel sind tausend, Señor?«

»Ziemlich viel«, meinte der Amerikaner. »Wenn Sie dann pro Stück 40 Centavos bekommen, haben Sie 400 Pesos. Aber stellen Sie sich vor, ich möchte von Ihnen zwanzigtausend Stück kaufen! Wieviel kostet dann das einzelne Stück?«
Der alte Mann, ohne überrascht zu sein, fragte nur: »Zwanzigtausend – wieviel sind zwanzigtausend Stück?«
Der Amerikaner versuchte, es zu erklären. Aber es war unmöglich, und so sagte er zum Schluß: »Heute, wenn Sie nach Hause gehen, sprechen Sie mit Ihrer Familie. Bestimmt weiß irgend jemand, wieviel zwanzigtausend Körbchen sind. Oder sagen Sie ihnen, daß ich bereit bin, für zwanzigtausend Körbchen 7000 Pesos zu zahlen. Das verstehen sie sicher!«
Am nächsten Tag wartete der weiße Mann schon auf dem Marktplatz, um mit dem von allen verehrten Greis zu sprechen.
»Hallo, wissen Sie jetzt, wieviel zwanzigtausend Körbchen sind?«
Der Alte nickte.
»Wieviel würde dann das Stück kosten?«
»20 Pesos, Señor.«
»Was?« Dem Amerikaner verschlug es den Atem. »Das kann doch nicht Ihr Ernst sein!« Denn in seinem Kopf rechnete er schon wieder: Dann würde er kaum ein Zehntel Dollar Gewinn machen, und er

hatte doch mit zwei Dollar Profit pro Stück gerechnet. »Wenn ich Ihnen so viele abkaufe, können Sie doch nicht pro Körbchen 20 Pesos verlangen!«
Der alte Mann, den alle verehrten, blieb ganz unbewegt und antwortete: »Selbstverständlich, Señor, das ist doch sehr einfach. Alle diese Körbchen, die Sie von mir wollen, könnte ich niemals in meinem Leben herstellen, auch wenn ich Tag und Nacht arbeiten würde. Jede Farbe, jede Form, jedes Stück ist ein Teil von mir. Ich gebe viel Liebe, wenn ich diese Körbchen mache. Wenn ich so viele anfertigen müßte, Tag und Nacht, würde es mir keine Freude mehr bereiten, und ich habe immer Freude an meiner Arbeit gehabt. Für so viele Körbchen müßte ich dann die ganze Familie, das Dorf und die Korbmacher aus anderen Dörfern zur Hilfe holen und sie bezahlen, damit sie nicht Hunger leiden. Ich müßte auch die Leute entlohnen, die dann für sie auf den Maisfeldern arbeiten, die Tiere versorgen, uns das Essen kochen und mit unseren Kindern spielen. Denn dazu haben wir ja keine Zeit mehr, wenn wir tagaus, tagein Gräser färben und Körbchen flechten müssen. Darum muß ich für ein einzelnes Körbchen 20 Pesos verlangen, das sehen Sie doch ein.«

Ein Leben in Frieden ist mehr als ein reiches Leben.

Der Amerikaner redete auf den alten Mann ein, denn es konnte doch nicht sein und war ganz unlogisch, daß man für höhere Stückzahlen keinen Rabatt bekam, sondern im Gegenteil noch so viel mehr bezahlen sollte!

Aber es half nichts, und er wollte schon nachgeben, um aus seinem großen Geschäft wenigstens ein paar Cents zu retten, mit denen er seine Schulden bezahlen konnte.

Da blickte der Alte auf und sagte: »Señor, ich habe es mir anders überlegt. Sie können die zwanzigtausend Körbchen zu keinem Preis bekommen.«

»Warum nicht?« schrie der Amerikaner entsetzt.

»Weil, wenn ich es mir recht überlege, es so lange dauern wird, bis die Körbchen fertig sind. Wir werden keine Zeit haben zum Lachen und keine Zeit für Feste. Wir wären darüber traurig, und die Arbeit würde uns keinen Spaß machen. Alle, die an den Körbchen arbeiten, würden die Freude daran verlieren. Dann fangen wir an, uns zu streiten, und haben uns nicht mehr lieb; und auch, wenn wir etwas geschafft haben und fertig sind, reden und feiern wir nicht mehr miteinander. Nein, Señor, das ist die Sache nicht wert. Unsere Familie ist viel wichtiger, Señor, als das ganze Geld, das Sie uns geben können.«

Der weiße Mann sah, daß es dem weisen Alten ernst und das letzte Wort gesprochen war. Seine Beine

wurden wieder weich, und er mußte sich setzen. Die Träume vom Reichtum waren mit einemmal verflogen.

»Hasta la vista!« hörte er den alten Mann sagen, der still seine übriggebliebenen Körbchen einsammelte und ruhig nach Hause ging zu seiner Familie und seinem Maisfeld.

Der Amerikaner mußte zurück in seine Stadt, sich bei seinem Chef entschuldigen und ihn bitten, doch wieder Schuhe verkaufen zu dürfen. Und dem Schokoladenfabrikanten mußte er erklären, woran das für beide so lukrative Geschäft gescheitert war.

Kenne
deinen Körper

Du bist dein eigenes Universum, du hast deinen eigenen Mikrokosmos. Betrachte nur deinen Körper, denn du besitzt eine Fülle des Lebens, von der du kaum etwas ahnst.

Dein Herz ... Es schlägt, ob du schläfst oder wachst, dreißig Millionen Takte im Jahr, und dein Blut pulsiert durch achtzigtausend Kilometer Arterien und Venen in die Gefäße des Lebens.

Deine Augen ... Tausend winzige Rezeptoren zeigen dir das Lachen eines alten Menschen, den Sonnenaufgang und den Himmel mit Myriaden von Sternen.

Deine Ohren ... zwanzigtausend feine Teilchen lassen dich den Gesang der Vögel und den Herzschlag der Geliebten hören.

Deine Lungen ... fünfhundert Millionen fleißige Bläschen filtern für dich aus der Luft den Sauerstoff, den Atem des Lebens.

Kenne deinen Körper

Dein Gehirn ... Zehn Milliarden Nervenzellen machen, daß du denken, wissen und fühlen kannst.
Deine Beine ... Dreihundert Muskeln bringen dich dahin, wo dein Liebster ist.
Dein Mund ... mit dem du lachen und singen kannst und deinen Freunden sagen, daß du sie liebst.
Deine Hände ... mit denen du musizieren kannst, Gedichte schreiben und Bilder malen, die deine Gefühle ausdrücken und deine Welt beschreiben.
Es ist wunderbar, ein Mensch zu sein.
Und du, liebe Schwester, machst, daß wir nicht nur wie Menschen aussehen, sondern auch menschlich fühlen, denken und handeln.
Du gibst uns Leben, wie die Mutter Erde, und der Boden, auf dem wir leben, ist unser Mutterland.
Männer brauchen euch, ihr Frauen, und ihr braucht uns. Darum sollen wir uns alle lieben.